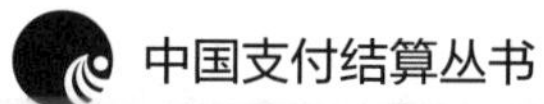

Credit Models and the Crisis:
A Journey into CDOs, Copulas, Correlations and Dynamic Models

信用模型与危机
——一段关于债务抵押债券、Copula理论、相关性和动态模型的旅程

[荷] 达米亚诺·布里戈（Damiano Brigo）
[意] 安德烈亚·帕拉维奇尼（Andrea Pallavicini）◎ 著
[意] 罗伯托·托雷塞蒂（Roberto Torresetti）
田海山　童牧　王倩文　蒋云浩 ◎ 译

中国金融出版社　WILEY

责任编辑：黄海清　白子彤
责任校对：李俊英
责任印制：张也男

Title: Credit Models and the Crisis by Damiano Brigo, Andrea Pallavicini, Roberto Torresetti, ISBN 9780470665664.

图书在版编目（CIP）数据

信用模型与危机：一段关于债务抵押债券、Copula 理论、相关性和动态模型的旅程/（荷）达米亚诺·布里戈（Damiano Brigo），（意）安德烈亚·帕拉维奇尼（Andrea Pallavicini），（意）罗伯托·托雷塞蒂（Roberto Torresetti）著；田海山等译. —北京：中国金融出版社，2021. 3
ISBN 978 - 7 - 5220 - 1089 - 2

Ⅰ. ①信…　Ⅱ. ①达…②安…③罗…④田…　Ⅲ. ①金融衍生市场—研究　Ⅳ. ①F830. 95

中国版本图书馆 CIP 数据核字（2021）第 057688 号

信用模型与危机——一段关于债务抵押债券、Copula 理论、相关性和动态模型的旅程
XINYONG MOXING YU WEIJI: YI DUAN GUANYU ZHAIWU DIYA ZHAIQUAN, Copula LILUN, XIANGGUANXING HE DONGTAI MOXING DE LÜCHENG

出版发行　中国金融出版社
社址　北京市丰台区益泽路 2 号
市场开发部　(010)66024766，63805472，63439533（传真）
网上书店　www. cfph. cn
(010)66024766，63372837（传真）
读者服务部　(010)66070833，62568380
邮编　100071
经销　新华书店
印刷　河北松源印刷有限公司
尺寸　169 毫米 ×239 毫米
印张　8
字数　150 千
版次　2021 年 11 月第 1 版
印次　2021 年 11 月第 1 次印刷
定价　35. 00 元
ISBN 978 - 7 - 5220 - 1089 - 2
如出现印装错误本社负责调换　联系电话（010）63263947

目　　录

前　　言

被愚弄的随机化

这本书写得很快，其目的是回应因需要将量化世界中的问题弄明白而产生的感性需求。对于部分报刊和媒体将危机归罪于模型和数理金融的歇斯底里的表现，以及对危机中部分有关的市场产品（如 CDOs 和其他更一般的衍生产品）的妖魔化（Brigo 等，2009b）行为，本篇前言的第二部分，“我是如何学会不再担忧并热爱 CDOs 的”，具有明显的嘲讽意味。我们都清楚并对此没有异议：这场危机是非常真实的，它给许多个人、家庭和公司造成了伤害。然而，寻找替罪羊是没有帮助的，应当用批判的眼光看待整个事情。试图让公众相信危机主要是由复杂晦涩的产品设计与交易造成的论调必定是存在偏颇的，因此本书致力于纠正这种认知偏差。

的确，公众舆论中充斥着关于金融衍生产品、建模和定量分析的成见，因此，我们认为需要一本书将事实说清楚。虽然我们知道这听起来有些唐·吉诃德式的自信，但我们仍希望这本书能帮助改变这种状况。要做到这一点，我们需要仔细平衡不同读者群体的视角。我们希望本书既对业界和学术界具有广泛的吸引力，也不至于令被科学和技术武装了头脑的专家们失望；同时，我们也不希望本书是某种充满抨击和消极挑衅思想却没有实际技术内容的畅销型出版物。除此之外，我们会尽量保持《唐·吉诃德》中风车的面貌[①]。因此，我们将游走在刀口上，试图在通俗描述和科学思辨之间寻找某种平衡点。

我们并不是唯一试图澄清该问题的人[②]。本书以全面和技术性的方式展示了

① *The Ingenious Hidalgo Don Quixote of La Mancha*, Miguel de Cervantes, 1605 and 1615.

② 例如，Shreve（2008）和 Donnelly 和 Embrechts（2009）。Szego（2009）对这场危机给出了更广泛的概述，其中一些批判性的见解有助于澄清更常见的误解。

过去和现在的众多研究，这些研究对人们关于数学和定量分析在危机中的作用的一些误解进行了反驳。本书运用了大量的技术手段，从静态 Copula 模型开始到动态损失模型（Dynamic Loss Model）结束。尽管本书篇幅很短，我们仍对信用衍生产品和多方信用衍生产品（Multi - name Derivatives），尤其是担保债务凭证（Collateralized Debt Obligation，CDO）进行了长期的追踪。那么什么是 CDO 呢？为了描述最简单的 CDO，如公司债市场上的合成 CDO（Synthetic CDO），我们可以按照以下步骤进行研究。

我们假设一个由 125 个参考资产构成的投资组合。这些主体可能违约，从而给投资这些主体的投资者造成损失。在每个 CDO 层级（CDO tranche）中存在两方参与者：保护买方和保护卖方。层级是投资组合损失的百分比区间。例如，3% ~6% 这一层级对应 3%（起点）和 6%（终点）之间的损失。粗略地说，如果投资组合中一个或多个主体发生违约，信用保护卖方同意向信用保护买方支付因违约而产生的不超过全部资产池损失 3% ~6% 的所有名义违约损失（减去回收金额）。作为交换，信用保护买方应周期性地为相应时期内仍“有效”的一部分层级向信用保护卖方支付费用。

从某种意义上讲，CDO 看起来像是针对投资组合的损失部分而出售（或购买）的保险合同。CDO 的估价问题在于确定这项保险的公平价格。

至关重要的观察表明，“分层”是一个非线性操作。当计算某一层级在某一时点的价格（按市场价）时，必须在价格估算的基础上计算该层级未来损失的期望值。由于层级是损失的非线性函数，该期望值将取决于所有时点的损失，而不仅仅取决于预期损失。如果我们逐一观察投资组合中的资产主体，投资组合的损失分布是以单一资产主体违约的边缘分布以及不同资产主体违约之间的依赖性（Dependency）为特征的。由于语言滥用，依赖性通常也被称为“相关性”（Correlation）。这是一种语言的滥用，因为相关性特指对联合高斯分布随机变量的依赖性的完整描述，但在更普遍情形下的相关性并非如此。一般来说，术语“依赖性”（Dependency）应代替“相关性”（Correlation）。完整的描述或采用整体多元分布，或采用所谓的“Copula 函数”——换言之，边缘分布被标准化为均匀分布的多元分布。

层级对“相关性”的依赖是很重要的。市场假设存在一个将 125 个资产主体的违约关联起来的高斯 Copula。该 Copula 的参数为一个由 7750 个成对相关性参数所组成的矩阵。然而，当考虑某一层级时，这7750个参数却被假设为彼此相等。所以，这时的参数是唯一的。因此，我们需要明确地注意到这种极端的简化形式：

$$7750\text{ 个参数} \rightarrow 1\text{ 个参数}$$

接着，我们为标准化投资组合选择在市场上具有流动性的层级，这些层级的市场价格被称为报价。然后，对该唯一的相关性参数使用反向工程还原待报价的流动性层级的价格。这一参数被称为隐含相关性，一旦获得该参数就可以被用来对相关产品进行估价。问题是，一旦层级改变，这种隐含的相关性也会改变。因此，如果在给定的时间，5年期的3%～6%的层级具有给定的隐含相关性，但相同期限的6%～9%的层级将具有不同的隐含相关性。因此，同一个资产池中的两个层级的定价采用两个具有不同和不一致的损失分布模型，对应于两个不同的隐含相关性参数值。

这听起来可能是消极的，但实际情况可能更糟。我们将详细解释两种可能的隐含相关性范式：复合相关性（Compound Correlation）和基准相关性（Base Correlation）。基准相关性是市场上普遍可见的范式。然而，即使在单一层级，基准相关性也不一致，因为它通过将3%～6%分解为0～3%层级和0～6%层级来定价，并且对于该层级使用两种不同的相关性参数（从而不同的分布）。因此，基准相关性在单一层级上已经不一致，这种不一致性偶尔会出现在负损失中（例如，在违约资产主体起死回生时）。

诚然，这足以引发一场辩论。甚至在建模进入公众视野之前，一些著名的市场重量级人物已经将建模对象（如衍生产品）作为众多问题的问责对象。沃伦·巴菲特（Buffett，2003）在一份非常有趣的报告中写道：

……查理和我对衍生产品及其交易活动的看法是一致的：我们把它们视为定时炸弹，无论对于交易方，还是对于经济体系。……在我们看来……衍生产品是大规模杀伤性金融武器，虽然现在看不出来，但其包含的危险性可能是致命的。……衍生产品合约的范围仅仅受制于人类的想象（有时觉得这些人似乎是疯子）。

然而，当听到诸如固定比例债务凭证（Constant Proportion Debt Obligations，CPDO）或双层担保债务凭证（CDO Squared）等产品时，人们可能会与巴菲特有相同的感受，但是，这种过度的概括可能稍稍有点过分。其实，如果衍生产品使用得当，可能会相当有用。例如，多个资产类别（如利率、外汇、石油和其他商品）的掉期合约和相关的期权允许参与实体各方对风险进行交易，并在市场形势不利时获得保护。如果没有衍生产品，公司就无法保护自己免受未来油价、汇率、利率等不利变动的影响。这并不是说衍生品不可能被滥用，它们当然可能被滥用，我们邀请感兴趣的读者以 CPDOs[①] 为例进行分析，并阅读巴菲特的整份报告。

当我们越过产品并进入模型相关的问题时，仍然会发现流行的观点中充斥着相当丰富多彩的表达方式，诸如“扼杀了华尔街的公式”（“the formula that killed Wall Street”）。事实上，如果我们看一下 Salmon（2009）或 Jones（2009）的流行观点（仅举两位为例），我们可能最终得出数理（定量）金融学界令人难以置信的幼稚，以及导致沃伦·巴菲特在上述报告所称的“以神话估价”（mark to myth）的结论，因为他们采用高斯 Copula 和隐含相关性却没有质疑其存在的问题，尤其是将校正的相关性运用到其他没有报价的“定制层级”（Bespoke Tranches）中。事实上，这两篇文章都是关于高斯 Copula 的，该模型是一个静态模型，仅仅是一个用于信用衍生品（尤其是 CDO）估价和风险管理的静态多元分布模型。这个简单的静态模型能使所有人相信它能精确表示一个动态的现实并进一步导致华尔街银行的倒闭吗？Salmon（2009）正确地指出了已知模型的某些缺陷，Jones（2009）在英国《金融时报》上质疑为什么没有人注意到这种模型的缺陷。这场危机被认为受到数学模型的严重影响，在此重点强调“数学”。

在新闻中也出现了对量化展开广泛抨击的情况。例如，新闻文章“麦考密克”（McCormick）基于赤字模型的坏账击败了量化模型，[②] 该文更侧重于货币市场，它告诉我们“……当交易员和投资者长年依赖定量分析的数学模型时，对货币波动经济原因的关注正获得更大的吸引力”。然后，它还告诉我们：“这些工具在近 10 年来的早期全球经济增长和本世纪初波动性下降的时期发挥了作用，但在引发 15 年来最大幅度货币波动的金融危机之前，未能显示出危险的信

① 例如，见 Torresetti 和 Pallavicini（2007）和惠誉评级报告“第一代 CPDO：业绩和评级案例研究”，在 2007 年 4 月危机爆发前发表，其中指出“［……］惠誉认为，过去 10 年绝不是 AAA 级或 AA 级范围内的高投资级别压力。”

② 作者 Oliver Biggadike，2009 年 11 月 24 日，彭博社。

号。而麦考密克利用宏观经济和定量分析，在全球经济崩溃前发现了日益显露的压力。”读者通过观察这一点可以了解到，“定量分析的数学模型”（听起来相当冗余的一句话）在金融危机时期失效了，而“宏观经济和定量分析”则有助于预测危机的某些方面。人们需要去思考的是“定量分析的数学模型”和“宏观经济和定量分析”二者之间“定量”的不同含义，好像数学突然变成了一个争议的词汇。当然，这篇文章的目的是说明宏观经济分析和基本原理越来越重要，应该更多地考虑，尽管我们认为该文没有清楚地将估值和预测区分开来。但是，该文中用于强调这些观点的一些语句正是我们前面讨论的对建模和数学态度的典型表现。

在另一篇题为“华尔街的数学巫师们忘记了一些变量”的文章中 Lohr（2009）把数学和数学家（某些人认为是“数学巫师”）归入了“被指责”的行列，这篇文章发表于 9 月 12 日的《纽约时报》上。此外，Truner（2009）中一个章节的标题就是“对复杂数学的错误依赖”。

这种业界和学术界对数学和数学家的总体敌视和指责态度，使我们认为有必要指出以下几点：关于数学量化方法没有意识到高斯 Copula 模型局限性的认识和观点肯定是不正确的，正如我们将在后文说明的，当然你也可以就此同我们争论。学术界已经出现了一大批质疑 Copula 假设的研究。有一本书是根据美林 2006 年在伦敦主办的为期一天的会议编辑的，该书成书于危机发生之前，书名为《信用相关性：Copulas 之后的生活》（Lipton 和 Rennie，2007）。这次会议是由从业人员组织举办的。《信用相关性：Copulas 之后的生活》一书中包含了一些超越高斯 Copula 和隐含相关性的尝试，其中大部分来自从业人员（小部分来自学者），但这本书只是冰山一角。危机爆发前曾有许多出版物对高斯 Copula 和隐含相关性提出了质疑。例如，我们在报告《隐含相关性：一个需要谨慎处理的范例》（“Implicit Correlation：A Paradigm to be with care”）中对使用隐含相关性可能暗含的危险提出了警告。该报告于 2006 年发表在 SSRN 上，发表时间也是在危机发生之前（Torresetti 等，2006b）。

不过，一些市场参与者、评论员、记者、评论家、政客和学者似乎并不认同这一点，仍然有一些人认为是一个公式杀死了华尔街（参见 Embrechts，2009 年的讨论）。

本书通过讲述危机前发出警告以及危机前试图弥补隐含相关性缺陷的真实

故事，试图澄清一些误解。我们并不打算描述完整的解决基本相关性和高斯Copula局限性的研究体系，而是基于我们过去的研究和近期的更新，从这个体系中选择一条特定的研究路径，来解释我们的模型在危机时期能够告诉我们一些什么。

概括地说，我们可以认为本书从CDO的偿付开始，解释如何编写它们以及它们如何工作。接着，我们开始引入非一致性高斯Copula模型和与此有关的隐含相关性，包括复合相关性和基本相关性，然后引出广义泊松损失（GPL）模型：一个无套利的动态损失模型，该模型能够同时一致地校正所有期限的全部起点和终点之间的层级。在此基础上，我们还说明了隐含Copula，通过该方法可以一致性地解释具有不同起点和终点的CDO产品，但该方法不适用于期限不同的CDO产品，另外，还介绍了预期层级损失（ETL）表面，一个独立于模型的CDO价格插值方法。

我们将看到，无论是隐含Copula还是动态损失模型都蕴含着较低的损失分布右尾特征，这些特征在危机前已经存在。这意味着存在违约概率集簇，对应经济中存在大量实体（部门）联合违约（Joint Default）的情形。

历史中的市场案例充分支持了这一讨论。我们必须强调的是，我们对使用高斯Copula和隐含相关性提出的危险和批评，以及用一致性模型得到的损失分布尾部模式，都是我们在2006年发表的，远早于危机之前。

虽然有这些警告，但是高斯Copula模型仍然在其基本相关公式中使用，尽管有一些诸如随机回收之类的扩展。导致这些问题的原因比较复杂。首先，虽然改进了一致性问题，但是所有的损失模型在计算单个资产主体数据和考虑单个资产主体的敏感性时都面临一定的困难。这是因为，如果我们将资产池的损失直接建模为一个整体对象，而不考虑单个违约，那么模型对单个资产的信用信息的敏感性就不存在了。换句话说，即使整体损失模型令人满意地校正了指数和层级，但该模型却忽视了单一主体的违约，而仅仅关注整体对象的损失动态。因此，针对单一主体的部分对冲也不可行。由于这些问题在许多情况下都是至关重要的，因此市场实践主要停留在基本相关性方面。而且，即使存在极少的几个实现了单个资产主体一致性的模型，这些模型也没有得到充分开发和测试以运用到实际交易场所和大型风险管理平台中。事实上，一个有着实际运行次数并且通过大量有效的市场数据输入且数值稳定的完全可操作性的模型与有着满意特性尚处于“离线研究”的原型系统是不一样的。此外，当某个模型在金融机构的数据库中已经编好程序，改变该模型意味着一条漫长的道路，其中涉及的许多问题与建模无关，更多涉及 IT 问题，如与其他系统的集成等。因此，除非一种新的模型在各方面看起来确实有保障且令人信服，否则，在交易场所或风险管理系统中采用这种模型就是相当勉强的。

总的来说，我们得出的结论是衍生品市场领域在建模方面的努力尚未完成，一部分原因是缺乏一个具有可操作性且具有吸引力的单一资产主体一致动态损失模型，另一部分原因是该研究领域的投资萎缩。但建模方面的目标尚未完成并不意味着做量化的群体没有意识到模型的局限性，正如我们上述文献充分说明的那样，同时，尽管我们的叙述以一个开放的结局结尾，但我们仍然认为这是一个有趣的真实故事。

我是如何学会停止担忧并爱上 CDO 的

我们不能不回到大局就结束这篇前言，因此，我们提出一个更一般性的问题：这场危机是由糟糕的模型造成的吗?

正如我们所看到的，市场一直在使用简单的信贷衍生工具方法，但也一直试图超越这些方法。我们曾提到过，CDO 分为两类：现金和合成 CDO。现金 CDO 涉及数百甚至数千种资产主体，并具有复杂的依赖路径的偿付机制（“瀑布”）。而且，现金 CDO 的估值通常涉及单一同质违约率场景或非常原始的假设，相关的研究和文献都很少。因此，这些现金 CDO 是复杂的产品，具有复杂的和依赖路径的偿付机制，通常使用极其简单的模型进行估价。合成 CDO 是我们在前言中描述的，同时将在本书中介绍。与现金 CDO 相比，它们的偿付机制更为简单、标准化，因为其更大范围的标准化并且可通过市场报价方便地获得它们的价格，因此，通常可以采用更为复杂的模型进行估值。公司合成 CDO 主要体现在标准池 DJ - iTraxx（欧洲）和 CDX（美国）的层级报价上。而其他的 CDO 产品，尤其是现金 CDO 产品，可由其他资产类别获得，如贷款（CLO）、抵押贷款组合，并衍生出住房抵押支持证券（Residential Mortgage Backed Portfolios Securities，RMBS）和商业抵押贷款支持证券（Commercial Mortgage Back Securities，CMBS）等。对于许多此类 CDO 产品，尤其是与引发危机的资产类别密切相关的 RMBS，问题来自数据而不是模型。定制的公司池没有用于推断违约“相关性”的数据，并且采用的映射的方法也是可疑的。有时，抵押贷款 CDO 产品（RMBS 和基于 RMBS 的 CDO）的估值数据是可疑的，并且可能因为欺诈而扭曲。[①]

有时，投资组合中包含了哪些内容甚至是不清晰的：作者曾看到，在一个庞大的 RMBS 投资组合的发行通告中，超过 2% 的资产被公布为未知类型。如果我们甚至不知道衍生产品底层的住房资产的类型，我们可以为这些模型提供什么样的输入内容呢？

所有这些都是在建模之前。模型遵循一个简单的规则，该规则通常由缩写“GIGO”（Garbage－In→Garbage－Out，即垃圾输入→垃圾输出）概括。正如查尔斯·巴贝奇（1791—1871 年）非常有名的表述：

曾经有两次我被（国会议员）问道，“请问，巴贝奇先生，如果你把错误的数字输入机器，正确的答案会出来吗？”我无法正确理解能够引发这一提问的那种混乱的思维。

那么，最终，危机是由模型的缺陷造成的吗？这场危机究竟是由量化分析师和专业学者的骄傲，抑或是由没有认识到模型的局限性而导致的呢？

我们在这本书中已经表明，在危机发生前，量化分析已经意识到了多种局限性和极端风险。缺乏数据或因欺诈而损坏的数据，“贷款并证券化”（“Originate to Distribute”）系统的脆弱性、流动性和准备金政策、监管机构缺乏统一性、过度杠杆和过度集中的不动产投资、不足的流动性风险管理技术、会计规则和过度依赖信用评级机构往往都是不可低估的因素。这场危机是一个非常复杂的事件，它激发了对猎巫、民间传说和迷信的谴责。方法论当然需要改进，但在我们看来，仅仅把危机归咎于模型似乎是一个非常狭隘的认识。

伦敦、米兰、马德里、帕维亚和威尼斯，2009 年 12 月 1 日

达米亚诺·布里戈、安德里亚·帕拉维奇尼和罗伯托·托雷塞蒂

① 例如，见 2007 年 FBI 的抵押贷款欺诈报告，www. fbi. gov/publications/fraud/mortgage fraud07. htm。

致　谢

我们感谢和汤姆·比勒基的几次有趣的讨论及有益的通信。我们也感谢安德里亚·普拉波利尼在回收率模型和其他信用衍生品市场问题上的有益互动。弗雷德里克·弗里斯就早期版本与我们通信，帮助解决了许多问题。

达米亚诺希望向前几年为他的见解作出贡献的合著者、同事和朋友表示感谢，其中包括奥雷连·阿尔丰西、阿戈斯蒂诺·卡波尼、纳夫勒巴赫尔、马西莫·莫里尼，以及惠誉解决方案（Fitch Solutions）伦敦团队，其中包括伊曼·巴卡尔、约翰·贝梅、基里亚科斯·乔达基斯、安东尼奥·达列桑德罗、马德琳·戈尔丁、阿西莱奥斯·帕帕特奥多罗、埃德·帕塞尔、米雷拉·普雷德斯库、卡尔·鲁道夫、加雷斯·斯托伊、鲁坦·塔纳瓦拉、法雷斯·特里基和韦克·吴。这本书的准备工作也是达米亚诺婚礼的一个干扰因素，他特别感谢瓦莱里娅的耐心和支持，感谢精彩的婚礼和巴塔哥尼亚之旅，感谢遍布威尼斯、塔兰托、伦敦和米兰的两个家族成员，感谢他们在有趣但困难的时候给予的持续支持和关爱，以及来自骑自行车穿过加勒、康沃尔、英国其他地方，还有意大利阿尔卑斯山和湖泊的迷人风景的帮助。

安德里亚感谢他的同事和朋友们的帮助和耐心。

罗伯托向他的同事和朋友表示感谢，特别是路易斯·曼努埃尔·加西亚·穆尼奥斯和塞万·纳维亚·索莱达，感谢他们开展了有益的讨论，并提供了分析和见解方面的支持。

作者简介

达米亚诺·布里戈（Damiano Brigo）是惠誉解决方案（Fitch Solutions）的董事总经理兼量化团队全球负责人，也是伦敦帝国理工学院数学系的客座教授。达米亚诺在数学金融、系统论、概率和统计学的顶级期刊上发表了50多篇文章，并于施普林格（Springer Verlag）出版公司出版了一本书，该书已成为随机利率建模领域的参考。他是《国际理论与应用金融杂志》（*International Journal of Theoretical and Applied Finance*）的执行主编，也是麻省理工学院及其他学术和工业机构学术会议的科学委员会成员。达米亚诺的兴趣包括定价、风险测量、信用和违约建模、交易对手风险以及商品和通胀的随机动态模型。达米亚诺于1996年从阿姆斯特丹自由大学获得微分几何随机滤波博士学位。

安德烈亚·帕拉维奇尼（Andrea Pallavicini）是米兰莱昂纳多银行（Banca Leonardo）的金融工程主管。此前，他曾在IMI银行（Banca IMI）担任股票和混合模型主管，同时研究动态损失模型、利率衍生品、微笑曲线模型和交易对手风险。多年来，他在金融建模、理论物理和天体物理学方面发表了几篇学术和实践导向的文章。他曾在帕维亚大学和米兰大学教授金融硕士课程。他获得了帕维亚大学的天体物理学学位和理论与数学物理学博士学位。

罗伯托·托雷塞蒂（Roberto Torresetti）负责西班牙毕尔巴鄂比银行（BBVA）的结构化信贷衍生品业务。他曾是IMI银行的高级信贷衍生品建模师、雷曼兄弟公司的股票衍生品分析师以及圣保罗IMI资产管理公司的量化基金经理。他拥有米兰博科尼大学经济学学士学位，并在博科尼大学获得经济学硕士学位，在芝加哥大学获得金融数学硕士学位。

符号列表

概率和期望

- $\mathbb{Q}$：风险中性概率
- $\mathbb{E}$：风险中性预期
- p_X：随机变量 X 的风险中性概率密度函数：

$$p_X(u) := \frac{\mathrm{d}}{\mathrm{d}u}\mathbb{Q}\{X < u\}$$

- φ_X：随机变量 X 的风险中性特征函数，即概率密度函数的傅立叶变换：

$$\varphi_X(u) := \mathbb{E}_0[\mathrm{e}^{iuX}] = \mathcal{F}[p_X](u)$$

- h_X：过程 X 的风险中性强度，即 X 绝对连续补偿器的密度：

$$A_X(t) := \lim_{h\downarrow 0}\int_0^t \frac{\mathbb{E}_u[X_{u+h}] - X_u}{h}\mathrm{d}u,\ h_X(t) := \frac{\mathrm{d}}{\mathrm{d}t}A_X(t)$$

- φ：具有相关矩阵 C 的标准 n 元高斯分布的概率密度函数：

$$\varphi_n(\mathrm{x},\mathrm{C}) := \frac{1}{(2\pi)^{n/2}}e^{-\frac{1}{2}\mathbf{x}^T\mathbf{C}^{-1}\mathbf{x}}$$

对于 $n=1$，2 的情况，我们特别定义：

$$\varphi(x) := \varphi_1(x,1),\ \varphi_2(x_1,x_2,c) := \varphi_2\left((x_1,x_2),\begin{pmatrix}1,c\\c,1\end{pmatrix}\right)$$

- Φ：具有相关矩阵 C 的标准方差 n 元高斯分布的累积分布函数：

$$\Phi_n(\mathrm{x},\mathrm{C}) := \int_{-\infty}^{x_t}\cdots\int_{-\infty}^{x_n}\varphi_n(\mathrm{y},\mathrm{C})\mathrm{d}y_1\cdots\mathrm{d}y_n$$

对于 $n=1$，2 的情况，我们特别定义：

$$\Phi(x) := \Phi_1(x,1),\ \Phi_2(x_1,x_2,c) := \Phi_2\left((x_1,x_2),\begin{pmatrix}1,c\\c,1\end{pmatrix}\right)$$

- f：自由度为 d 的学生分布（t－分布）的概率密度函数：

$$f_d(x) := \frac{\Gamma\left(\frac{1}{2}(d+1)\right)}{\sqrt{d\pi}\Gamma\left(\frac{1}{2}d\right)}\left(1+\frac{x^2}{d}\right)^{-\frac{1}{2}(d+1)}$$

- F：自由度为 d 的学生 t 分布的累积分布函数：

$$F_d(x) := \int_{-\infty}^{x} f_d(y)\mathrm{d}y$$

违约事件和泊松过程

- τ：资产池中一个主体的违约时间。
- p：资产池中一个主体的违约概率：

$$p_i(t) := \mathbb{Q}\{\tau_i \leqslant t\}$$

- λ：随机的违约强度（或风险率）。
- Λ：随机的累积违约强度（或风险函数）：

$$\Lambda(t) := \int_0^t \lambda(u)\mathrm{d}u$$

- N：随机的违约强度的 λ 的泊松过程。
- 1：指标函数：

$$1_{(t>T)} := \begin{cases}1, t > T\\ 0, t \leqslant T\end{cases}$$

计算和损失过程

- M：资产池中的元素数量。对于主要的 DJ - iTraxx 和 CDX 指数，M 等于 125。
- A：层级起点。
- B：层级终点。
- C：资产池的计算过程：

$$C_t := \sum_{i=1}^{M} 1_{(\tau_i \leqslant t)}$$

- $\overline{C}$：资产池的标准化计算流程：

$$\overline{C}_t := \frac{1}{M}C_t$$

- R：资产池中一个主体的回收率。

- $\mathrm{L_{GD}}$：资产池内一个主体违约的损失

$$\mathrm{L_{GD_i}} := 1 - R_i$$

- L：资产池的损失过程：

$$L_t := \sum_{i=1}^{M} 1_{\{\tau_i \leq t\}} \mathrm{L_{GD_i}}$$

- $\bar{L}$：资产池的标准化损失过程

$$\bar{L}_t := \frac{1}{M} L_t$$

- $\bar{L}^{A,B}$：起点为 A、终点为 B 的 CDO 层级，其所在资产池的标准化损失过程：

$$\bar{L}_t^{A,B} := \frac{1}{B - A}\left[(\bar{L}_t - A) 1_{\{A < \bar{L}_t \leq B\}} + (B - A) 1_{\{\bar{L}_t > B\}} \right]$$

- $\bar{L}^{A,B,\infty}$：在大型资产池假设下，起点为 A、终点为 B 的 CDO 层级池的标准化损失。

- $f(t,A,B)$：起点为 A、终点为 B 的 CDO 层级，其所在资产池的标准化预期损失：

$$f(t,A,B) := \mathbb{E}_0[\bar{L}_t^{A,B}]$$

- $g(t,B)$：终点为 B 的 CDO 权益层级，其所在的资产池的标准化预期损失：

$$g(t,B) := Bf(t,0,B)$$

Copula 模型

- ρ^B：终点为 B 的 CDO 权益层级的基础相关性
- $\bar{\rho}_{A,B}$：起点为 A、终点为 B 的 CDO 层级的复合相关性
- S：影响单因子 Copula 模型中所有主体违约次数的系统因素。在高斯 Copula 模型中，它是高斯随机变量，而在双 t - Copula 模型中，它是 t 分布变量。
- Y：在单因子 Copula 模型中只影响一个主体的特殊因素。在高斯 Copula 模型中它是高斯随机变量，而在双 t - Copula 模型中，它是 t 分布变量。
- X：Copula 模型定义的随机变量。例如，在高斯 Copula 中，对于每个主体 i，我们得到

$$X_i := \Phi^{-1}(1 - \mathrm{e}^{-\Lambda_i(\tau_i)})$$

如果我们考虑模型的单因子版本，那么下面的等式将系统因素和特殊因子与 Copula 联系起来，ρ_i 作为资产池中第 i 个主体的相关性参数：

$$X_i = \sqrt{\rho_i}S + \sqrt{1 - \rho_i}Y_i$$

动态损失模型

- M'：资产池损失过程的最小跳跃的倒数。以下约束成立：

$$M' \geqslant M > 0$$

- $\mathcal{R}$：平均回收率：

$$\mathcal{R} := 1 - \frac{\mathbb{E}_0[\overline{L}_t]}{\mathbb{E}_0[\overline{C}_t]}$$

- α：由构成 GPL 模型的第 j 次泊松过程的跳跃所触发的违约数。
- a：由构成 GPL 模型的第 j 个泊松过程跳跃所触发的违约数的比例：

$$a_j := \frac{1}{M}\alpha_j$$

- Z：GPL 形成过程：

$$Z_t := \sum_{j=1}^{n} \alpha_j N_j(t)$$

其中，N_j是一个具有随机违约强度 λ_j的泊松过程

- φ_Z ：GPL 形成过程的特征函数：

$$\varphi_{Z_t}(u) = \mathbb{E}_0\left[\exp\left(\sum_{j=1}^{n} \Lambda_j(t)(e^{iu\alpha_j} - 1)\right)\right]$$

- $\hat{\tau}$ ：GPL 形成过程中第一次达到或超过资产池中主体的数量时：

$$\hat{\tau} = \inf\{t : Z_t \geqslant M\}$$

- Ψ_L ：在 GPL 模型，定义了资产池损失过程的确定性非递减函数：

$$\Psi : \mathbb{N} \cup \{0\} \to [0,1],\ L_t := \Psi_L(Z_t)$$

产品收益与价格

- $D(t,T)$ ：到期日为 T 时，t 时刻的贴现因子。
- $P(t,T)$ ：到期日为 T 时，t 时刻的无违约零息债券价格：

$$P(t,T) := \mathbb{E}_t[D(t,T)]$$

如果利率为确定值，那么 $P(t,T) = D(t,T)$

- $\{T_1,\cdots,T_b = T\}$ ：由 CDO 保险费部分支付的定期费用（价差）S 的支付日期。

- δ：出现在 CDO 保险费部分中的年数。
- S：由 CDO 指数保险费部分支付的运行价差：

$$S_t := \frac{\mathbb{E}_t[\int_t^T D(t,u)\,\mathrm{d}\bar{L}_u]}{\mathbb{E}_t[\sum_{i=1}^{b}\delta_i D(t,T_i)(1-\bar{C}_{T_i})]}$$

- DefLeg：从 t 时刻开始的、到期日为 T 的 CDO 指数的违约部分偿付：

$$\textrm{DefLeg}(t) := \int_t^T D(t,u)\,\mathrm{d}\bar{L}_u$$

- PremiumLeg：在 t 时刻开始、到期日为 T 的 CDO 指数的保费支出：

$$\textrm{PremiumLeg}(t) := S_t\sum_{i=1}^{b}\delta_i D(t,T_i)(1-\bar{C}_{T_i})$$

- Npv：从时间 T 开始、到期日为 T 的 CDO 指数的净现值：

$$\textrm{Npv}(t) := \mathbb{E}_t[\textrm{PremiumLeg}(t) - \textrm{DefLeg}(t)]$$

- $U^{A,B}$：起点为 A、终点为 B 的 CDO 层级的预付保险费。
- $S^{A,B}$：由 CDO 层级保险费部分支付的运行价差：

$$S_t^{A,B} := \frac{\mathbb{E}_t[\int_t^T D(t,u)\,\mathrm{d}\bar{L}_u^{A,B}] - U_t^{A,B}}{\mathbb{E}_t[\sum_{i=1}^{b}\delta_i D(t,T_i)(1-\bar{L}_{T_i}^{A,B})}$$

- $\textrm{DefLeg}_{A,B}$：从时间 t 开始、到期日为 T，起点为 A、终点为 B 的 CDO 层级的违约部分偿付：

$$\textrm{DefLeg}_{A,B}(t) := \int_t^T D(t,u)\,\mathrm{d}\bar{L}_u^{A,B}$$

- $\textrm{Dv01}_{A,B}$：从时间 t 开始、到期日为 T，起点为 A、终点为 B 的 CDO 层级的年金：

$$\textrm{Dv01}_{A,B}(t) := \sum_{i=1}^{b}\delta_i D(t,T_i)(1-\bar{L}_{T_i}^{A,B})$$

- $\textrm{PremiumLeg}_{A,B}$：从时间 t 开始、到期日为 T，起点为 A、终点为 B 的 CDO 层级的支付的保费：

$$\textrm{PremiumLeg}_{A,B}(t) := U_t^{A,B} + S_t^{A,B}\textrm{Dv01}_{A,B}(t)$$

- $\textrm{Npv}_{A,B}$：从时间 t 开始、到期日为 T，起点为 A、终点为 B 的 CDO 层级的净现值：

$$\textrm{Npv}_{A,B}(t) := \mathbb{E}_t[\textrm{PremiumLeg}_{A,B}(t) - \textrm{DefLeg}_{A,B}(t)]$$

1　引言：危机前和危机中的信用模型建模

本书旨在说明主流模型或伪模型（大部分属于以类似建模的方式描述的报价机制）的局限性，近年来，这些模型被广泛用于市场计价与多方信用衍生品风险管理。我们介绍了在危机前的2006年我们首次发表的研究成果概要，这些研究成果指出了当时市场中使用的建模范式的危险性，并通过分析更多近期数据，揭示了随后更为恶化的情形。我们还指出，目前的范式在危机前就已受到了严厉的批评，可参阅我们的著作以及其他作者的相关著作，这些著作在诸如Salmon（2009）等人的流行观点出现之前许久就指出了当前市场范式的主要局限性。当前范式的问题如下：

- 不符合实际情况的高斯Copula假设，以及将7750个成对的依赖性参数扁平化为一个。
- 当时对于一个以上层级报价的隐含相关性，市场模型缺乏一致性。
- 即使是单个层级，校正偶尔也不可行，或者有可能得到负的层级预期损失，违反了无套利约束。
- 隐含损失分布与市场CDO层级报价缺乏一致性（单一期限）。
- 损失分布动态与多期限的CDO层级报价缺乏一致性。
- 缺乏信贷价差波动，导致对诸如CDS交易对手风险的错向风险评估的严重后果。

在这方面，我们将介绍一些在危机前就已公布的模型例子，这些模型可以部分修正上述缺陷。所有的讨论都基于危机前和危机中的市场数据。为了解决以上问题，我们将使用不同的方法，并采用以下路径。

1.1　自下而上模型

在信用衍生品建模中引入依赖性（Dependence）的一种常见方式是通过Copula函数。典型的高斯Copula假设指数随机变量根据泊松过程的第一次跳跃触发资产池中主体的违约。一般来说，我们将通过单个违约次数指定依赖性关系来建立依赖性模型，称为“自下向上”的框架，而 Copula 属于这种框架内的典型方法。这一过程通常难以扩展到完全动态的模型。我们在此难以客观公正地述评有关将 Copula 用于信用衍生品的海量文献；我们只提及了那些尝试超越了 Li（2000）在 CDO 领域中引入了高斯 Copula 并进而引出了隐含（基础和复合）相关性框架的文献，以及 Torresetti 等（2006b）已经指出的一些重要范围内的文献。Li 和 Hong Liang（2005）也提出了与 CDO 平方相关的混合方法。关于用高斯 Copula 模型计算的灵敏度的结果，参见 Meng 和 Sengupta（2008）给出的例子。

在自下而上的背景下，替代 Copula 的另一种选择是在单个资产主体的违约强度之间插入依赖关系，可以参见 Chapovsky 等（2007）的论文。Joshi 和 Stacey（2006）采用对交易时间建模来创建违约相关性，也称为独立单一资产主体违约，他们采用“强度伽马” （Intensity Gamma）框架。与此类似地，Baxter（2007）以公司价值激励的方法引入了采用自下而上框架的用于 CDO 校正的 Levy 公司价值过程。Lopatin（2008）引入了一个自下而上的框架，该框架在 CDO 相关领域也很有效，该模型中的单一主体违约强度是时间和资产池违约计算过程的确定性函数，然后关注对冲比率，并从数值效能结果的视角来分析该框架。即使缺乏对单一名称信用价差波动率的显性建模，该模型也有其意义。

值得注意的是，在 Copula 模型中常常采用确定性的信用价差。即使历史（Hull 和 White，2003）和隐含（Brigo，2005、2006）CDS 波动率达到 50% 以上，信用价差波动率也经常被假设为零。首次违约篮（First – to – default Baskets）与 CDOs 的权益层级相似（参见，例如，Brigo 和 Mercurio，2006），其中价差的分散性加上信用价差波动性的缺乏可能导致模型价格在 Copula 相关性参数上显得不直观。Brigo 和 Chourdakis（2009）在信用违约互换的交易对手风险的不同论述里强调过这一点，他们表明信用价差波动性是非常重要的，以至于忽视它会改变 CDS 定价在交易对手风险下的错向风险状况。Brigo 和 Capponi（2008）进一步强调了这一点，同时，Brigo 和 Pallavicini（2007、2008）、Brigo 和 Bakkar（2009）以及 Brigo 等（2009）建立了显性的信用价差波动模型，表明信用价差波动性对其他资产类别的交易对手风险也有相关影响，包括商品和利率产品。本书中的随机信用价差模型建立在 Brigo 和 Alfonsi（2005）、Brigo 和 Cousot（2006）以及 Brigo 和 El – Bachir（2008）关于 CDS 期权的工作之上。

现在回到 CDOs 自下而上模型的背景中，Albanese 等（2006）引入了一种基于结构模型思想的自下而上的方法，该方法不仅可以与历史和定价方法下的若干输入保持一致，而且还可以处理 CDO 层级的校正。

1.2 复合相关性

以 Torresetti 等（2006b）的研究为基础，在自下而上模型的背景下，我们从 CDO 层级的净现值（NPV）开始，以公司的信用参考（Credit References）作为资产池的初始架构：我们称其为复合相关性框架。

复合相关性有两个主要缺点，强调如下：

• 复合关联框架缺乏稳健性，主要原因是由于 10 年期 DJ - iTraxx 6% ~9% 层级和 CDX 7%~10% 层级的不可逆性，而且，近期的 10 年期 DJ - iTraxx 12% ~ 22% 层级和 CDX 10%~15% 层级也存在不可逆性。

• 更重要的是，从实践角度来看，我们强调复合相关性存在典型的非平滑行为以及由此导致的对定制 CDO 层级定价的困难性。

1.3 基础相关性

然后，我们介绍业界采取的下一步措施（可参见如 McGinty 和 Ahluwalia，2004），即基础相关性的引入，该方法可以解决这两个问题，依据如下：

• 由此产生的映射更加平滑，从而有助于从流动性好的指数层级对定制层级价差进行定价；

• 直到 2008 年初，基于异质资产池单因子高斯 Copula 的相关性一直与指数市场层级价差是一致可逆的。

尽管如此，我们仍将揭示基本相关性框架的一些已知的仍需处理的缺陷：

（1）由于使用了插值技术，层级间价差不能实现无套利。事实上，对于优先级而言，很可能的结果是，以时间划分的预期层级损失在初始时是逐渐走低的。

（2）对于优先级 AAA 和超高优先级，逆相关性不可行。这个问题最近才出现，因为市场的参与者都怀有不惜代价地购买保障以防止系统性风险暴露的愿望。

（3）对单个层级评估级别的不一致性，因为同一交易的两个组成部分是由具有两个不同的参数值的模型进行评估的。

（4）最后，同样重要的是，将每个权益层级交易的 7750 个成对的相关参数信息扁平化为单独一个。

我们指出，对缺点（1）的解释应参考与第（3）项有关的事实，也就是说，这是由于每一层级的净现值都是通过计算两种不同分布下（对应于起点的基础相关性分布和对应于终点的基础相关性分布）的预期损失和未清偿名义价值而出现的。因此，基础相关性在单一层级层面上已经是一个不一致的概念。

作为对缺点（2）的解释，我们指出这样一个事实，即确定的回收率假设虽然在计算上非常方便，但却令我们无法获得最近的市场状况。Amraoui 和 Hitier（2008）以及 Krekel（2008）在隐含相关性框架中已经解决了这个问题。然而，即使有了目前的更新与修正，基本相关性仍然是有缺陷的，仍然可能导致负的损失分布。

尽管存在我们上下文所提及的来自研究团体的批评，但经过不断的更新和变体，直到今天，基础相关性仍然是合成公司 CDOs 的主要定价方法。

1.4 隐含 Copula

接下来，我们将隐含 Copula 的概念总结为一个非参数模型［隐含 Copula 由 Hull 和 White（2006）引入并被其称为“完美 Copula”］，该模型从一组市场 CDO 价差扩展生成整个资本结构，从而推导出风险中性的资产池的损失分布形状。Rosen 和 Saunders（2009）使用了灵活的系统因子，并在随后对其进行了推广和大量的改进，他们也讨论了系统因子框架的动态隐含性。Inglis 等（2008）也讨论过因子和动态问题。

基于 Torresetti 等（2006c）中已有的隐含 Copula，我们的校正结果指出，单一期限跨层的一致性损失分布表明了损失分布的尾部特征。这些概率密集于右尾远端，意味着大量经济部门集群（可能是行业）的违约可能性。这些结果最初于 2006 年在 ssrn. com 上发表。我们将在这里指出这些特征，并通过以下完全不同的方法再现这些相同的特征。

此处，我们强调隐含损失分布的右尾模式（厚尾）的持续性：

- 通过时间，经过历史校正；
- 通过地域，比较 DJ - iTraxx 和 CDX 的历史校正结果；
- 通过期间结构比较不同期限产品的校正结果。

隐含 Copula 可以跨资本结构进行一致性的校正，但不能跨期，因为本质上它是一种静态模型。因此，下一步将介绍动态损失模型。这使我们进入所谓的自上而下的框架（虽然动态方法在自下而上的框架下也是可行的，正如我们在上面的一些参考文献中看到的那样）。但在详细分析自上而下框架之前，我们将很快转向一种独立于模型的 CDO 层级定价方法和插值方法。

1.5 预期层级损失曲面

不同终点和期限的预期层级损失（Expected Tranche Loss，ETL）可以看作一种基本材料，通过使用 ETL，合成 CDO 公式的组成成分是由线性运算构建的（但在某些非线性约束下）。我们将详细地解释如何运用预期层级损失（Expected Tranches Losses，ETLs）来计算信用指数和层级的收益。这种方法是由 Torresetti 等（2006a）在危机前首先提出的，也使我们回想起了 Walker（2006）的早期工作以及对 Livesey 和 Schlögl（2006）关于无套利预期层级损失性质的研究工作。

ETLs 是市场数据中隐含的自然量，本文简要介绍了当起点和期限变化时 ETLs 的无套利约束。为了替代早先说明过的隐含相关性不一致的概念，我们考虑采用 ETL 表面，仅在最低的插值假设下直接从市场报价建立模型。我们检验插值的类型是否对结果有过度的干扰。不同于 Walker（2006）关于 ETL 隐含表面的早期的工作，我们的分析使用了多种交易工具的买卖价差。通过以上工作，我们发现极少违反无套利条件的情况。

我们还提到了稍后出现的一些进一步的参考资料，并讨论了这种技术的演变：Parcell 和 Wood（2007）也是在危机前仔细考虑了不同种类插值方法的影响，而 Garcia 和 Goossens（2007）则比较了高斯 Copula 和 Lévy 模型二者之间的 ETL。

一般而言，ETL 隐含表面可用作为隐含相关性的替代形式，对具有非标准化起点和期限的层级进行估值。然而，推导和外推对冲比率可能很困难。另外，ETL 实际上不是一个模型，而是一个独立于模型的剥离算法（Stripping Algorithm），尽管选择特定的差值方法可能被视为一个建模选择。最后，ETL 对于更高级的衍生品定价没有帮助，诸如层级期权或者可撤销层级，因为 ETL 没有为资产池的损失指定一个显性的动态损失。为此，我们现在来看看自上而下的框架。

1.6 自上而下的框架

人们可以完全放弃单一主体违约建模，而将重点放在资产池损失和违约计算过程上，据此，我们可以考虑基于整体损失水平上的动态模型，该模型与该损失本身或与恰当定义的损失率相联系。这就是“自上而下”的方法，请参看

Bonnani（2005，2006）、Giesecke 和 Goldberg（2005）、Schönbucher（2005）、Di Graziano 和 Rogers（2005）、Brigo 等（2006a，2006b）、Errais 等（2006）、Lopatin 和 Misirpashaev（2007）等的例子。第一个跨指数、跨层级起点以及跨期限的动态损失模型的联合校正结果显示，即使是相对简单的动态损失，比如一个具有上限的广义泊松过程，也足以解释隐含在市场报价中的损失分布动态特征。这项工作也证实了 Torresetti 等（2006c）关于隐含 Copula 的研究结果，该结果表明损失分布尾部具有结构化的多模态行为特征，意味着信用参考池的相当部分有着不可忽略的违约概率，也显示了在危机开始之前的 CDO 报价所隐含的高损失的可能性。Cont 和 Minca（2008）将非参数算法用于顶部模型的校正，构建了以 CDO 为基础的投资组合风险中性违约强度过程，并使用相对熵技术（Relative Entropy Technique）寻找与最优损失过程“最接近”的风险中性损失过程。另见 Cont 和 Savescu（2008）。

然而，一般来说，为了判断“自上而下”中的“下”，我们需要说明，当没有显性地对单一主体违约过程建模时，可以从整体损失模型中推导还原出一个延后的单一主体违约一致性。Errais 等（2006）提倡使用随机稀释技术（Random Thinning Techniques）进行研究；另见 Halperin 和 Tomecek（2008），他们研究了与一般损失模型随机稀释技术相关的更多实际问题，同时，Bielecki 等（2008）也建立了半静态对冲的例子，并考虑了投资组合损失过程可能无法提供足够统计数据的案例。

目前，在给定整体模型作为起始点的情况下，从特定模型是否可以得到完全一致的单一主体违约公式尚不清楚。

有一种特殊的“自下而上”的方法可以导出明显和充分的损失动态。这种方法基于共同泊松冲击（Common Poisson shock，CPS）框架，Lindskog 和 McNeil（2003）给出了文献评述。与上述提到的“自上而下”的方法相反，这种方法允许在较小的时间间隔内存在一个以上的违约主体。在自下而上的语境中，可以看到这种产生了将单个主体的首次跳转（违约）次数相联系的 Marshall - Olkin Copula。在“自上而下”的语境中，当不限制违约数量时，该模型看起来与 Brigo 等（2006a）的 GPL 模型非常相似。

CPS 框架的问题在于它允许重复违约，这显然是错误的，因为任何资产主体的违约次数都不可能超过一次。

CPS 框架在许多信用衍生品文献中使用过，如 Elouerkhaoui（2006）及该文中的参考文献。Balakrishna（2006）引入了一种半解析方法并提示了其与 CPS 框架的关系，该方法允许在较小的间隔内出现多次的违约，该文也得出了一些令人感兴趣的校正结果。Balakrishna（2007）总结概括了这篇早期的论文，并阐述了延迟违约依赖性和违约传染性。

1.7 GPL 和 GPCL 模型

Brigo 等（2007）通过控制集群违约动态来避免重复，解决了 CPS 中的重复违约问题。他们对所得到的模型进行了校正，并得到了令人满意的跨起点和跨期限的 CDO 报价，但这个模型非同质版本的组合复杂难度令人生畏，因此，当考虑到单一主体时，其所得到的 GPCL 方法很难在实践中成功应用。

此外，在当前出版的专业书籍里，广义泊松损失（Generalized – Poisson Loss，GPL）和广义泊松集群损失（Generalized – Poisson Cluster Loss，GPCL）模型有助于说明 CDO 市场报价与损失分布动态一致性是如何演变的。

在本书中，我们总结了 GPL 模型，但放弃了对 GPCL 模型的讨论。如上所述，GPL 模型是损失动态模型，能够同时对全部的层级和期限重新定价。我们在此处运用了一种变体转换，直接模拟损失而不是违约计算过程加上推导还原。损失被建模为独立泊松过程的总和，每个泊松过程都与不同数量实体的违约相关联，并以资产池的大小为限度以避免无限违约。这种使用泊松过程的直觉来自区间的违约数量，尽管这些区间的振幅在危机前和危机中的模拟公式中不断变化。本书所陈述的在危机中实施的新模型中，采取了我们早期在 GPL 研究工作中的方式，先验地确定因每个违约集群触发的损失幅度，并且没有进行校正。这使校正更加透明，并且使区间违约的校正强度更容易解释。然而，我们也指出仅在 GPCL 里才可以得到严格准确的区间违约。

我们重点强调：GPL 模型重现由隐含 Copula 证明的尾部多模态特征的能力，对于准确重新定价单一期限的 CDO 层级的市场价差是必不可少的。

我们还参考了 Longstaff 和 Rajan（2008）在之后的相关成果，这些成果的研究方向是一致的，但在 CDS 价差变动面板上增加了主成分分析方法，同时给出了一些关于作为区间的违约集群的经济学解释。

顺便提一下，我们引导读者关注违约的历史，并指出违约集群集中在相对较短的时间段内（几个月），如 20 世纪 90 年代初在贷款和存款危机高峰时的储蓄机构、2001 年以后的航空公司，以及最近的汽车及财务公司。特别是，从 2008 年 9 月 7 日到 10 月 8 日这一个月的时间窗口里，我们目睹了主要金融实体发生的七个信用事件：房利美（Fannie Mae）、房地美（Freddie Mac）、雷曼兄弟、华盛顿互助银行、冰岛国民银行、特利尔（Glitnir）银行与考普森

(Kaupthing）银行。房利美和房地美的托管机构在同一天（2008 年 9 月 7 日）宣布成立，10 月 7 日至 8 日宣布任命了冰岛三家银行（国民银行、特利尔银行和考普森银行）的“接管委员会”。

此外，标准普尔发布了改变公司 CDOs 评级标准的征求意见文件。[①] 迄今为止，各机构一直采用多因素高斯 Copula 方法为客观测度手段模拟投资组合损失。标准普尔建议修改这一准则，使 AAA 评级的层级能够承受资产池中最大单一行业违约且回收率为零的损失。我们认为这趋向于采用类似 GPL 过程来建立风险中性损失度量模型，在充满压力和似是而非的场景下，标准普尔改变评级标准的建议意味着承认存在客观手段度量违约集群的可能性。参见 Torresetti 和 Pallavicini（2007）关于固定比例债务债券（Constant Proportion Debt Obligations，CPDOs）的具体案例。

最后，我们更一般地评估动态聚合模型，以及该模型在试图避免复杂组合数学问题时难以导出单一主体对冲比率的问题。截至目前，该框架仍不完整，因为要获得可以在交易大厅实际应用的既易于处理动态且保持一致性的单一主体对冲仍然存在问题。我们为该领域的最新研究提供了一些参考。然而，我们强调，即使是像我们的 GPL 或单一期限隐含 Copula 这样的简单动态模型，也足以解释危机前的市场报价已经蕴含着大量违约积聚且存在不可忽略的概率，正如我们在 2006 年和 2007 年初的文献所分析的结果。

最后，需要指出的是，上述讨论和参考文献（仅少数例外）主要集中于讨论公司 CDOs，而且大多是关于合成 CDOs 的，其他资产类别的 CDOs 估值文献较少，这一类的资产属于现金资产而非合成类资产，具有复杂的瀑布流和提前支付风险的可能性，它们与引发此次危机的资产更为相关，包括抵押贷款债券（Collateralized Loan Obligations，CLOs）、住宅抵押支持证券（RMBSs）和住宅抵押支持证券中的担保债权凭证（基于 RMBS）的 CDO 等。对于许多此类交易，主要问题通常是数据。这一领域的工作较少，包括 Jaeckel（2008）和 Papadopoulos 和 Tan（2007）的工作。

1.8 本书结构

本书的结构如下：第 2 章介绍了我们正在研究的市场报价，并提供了 CDS 指数和 CDO 层级的一般贴现收益无套利价格和价差公式。

① 参见“Request for Comment：Update to Global Methodologies and Assumptions for Corporate Cash Flow CDO and Synthetic CDO Ratings”，18 March 2009，Standard & Poors。

第 3 章介绍了高斯 Copula 模型，在个别公式化过程中涉及同质性和有限性，然后讨论了 CDO 层级报价中隐含相关性的概念。本章详细介绍了基础相关性和复合相关性两种范式。通过多个市场实例讨论了隐含相关性的存在性和唯一性，突出了复合相关性和基础相关性的利与弊，以及这些概念中固有的局限性。特别是，第 3.9 节总结了隐含相关性的问题，指出了负的预期层级损失出现时套利的危险性，以及跨资本结构和跨期限的不一致性。然后在第 4 章和第 5 章中，通过隐含 Copula 解决了其中的第一个不一致性问题，并展现了长期以来的若干研究工作，而在第 6 章中同时解决了这两个不一致性问题，该章还阐述了我们危机前就讨论过的已经相当成熟的 GPL 动态损失模型。在第 5 章，我们介绍并分析了预期层级损失（ETL）的概念，该数量隐含在指数和 CDO 层级报价中，与具体模型无关，并且可以用于跨起点和期限的 CDO 报价的插值方法中。

第 7 章分析了所有这些范式在危机中的应用，而第 8 章给出了最后的讨论，包括隐含相关性虽然存在许多重大的缺陷却仍然被使用的原因。特别地，在基础相关性框架之外难以共同解决的单一主体对冲比率、随机回收建模以及校正速度等问题仍留待解决。

2 市场行情

我们参考的单一主体产品是信用违约互换（Credit Default Swaps，CDSs）。而在市场上可获取的流动性最强的多主体信用工具是信用指数和 CDO 层级（DJ－iTraxx 和 CDX）。我们将在以下内容中对它们进行讨论。

以上两个指数标准化主体资产池的选择过程是相同的。每 6 个月，在 Markit 管理的轮询过程结束时会滚动产生一个新系列，这个推出的交易商精选名单构成了最具流动性的 CDSs，所有不属于投资级别的信用参考实体都将被舍弃。同时，每个在 CDSs 中存留的信用参考实体都将被分类，而每类都为最终的主体资产池提供预设数量的信用参考实体。将投资级别实体的各类交易商排名整合到一起，从而对各类流动性最强的信用参考实体进行排名。

2.1 信用指数

信用指数由一个主体资产池给定，包括主体 1，2，…，M，通常 $M=125$，每个主体的名义值为 $1/M$，因此整个池的总名义值为 1。指数违约费用由池中违约主体相关的保费组成。每当一个或多个主体违约时，对应增加的损失将补偿给保险买方，直至最终到期日 $T=T_b$ 或者池中所有的主体都违约。

作为违约补偿的交换，买方需要定期向卖方支付费率为 S 的保费，直至最终到期日 T_b。保费是根据名义值计算的，每当池中一个主体违约时名义值都会减少，减少的金额与该主体的名义值相当（不考虑回收率）。

我们用 $\bar{L}_t$ 表示投资组合的累积损失率，用 $\bar{C}_t$ 表示 t 时间内违约名称的比率，由于每次违约时，违约名义值的部分会被回收，因此有 $0 \leqslant \bar{L}_t \leqslant \bar{C}_t \leqslant 1$，该指数的两笔费用的折现值如下：

$$\text{DefLeg}(0) := \int_0^T D(0,t)\,\mathrm{d}\bar{L}_t$$

$$\text{PremiumLeg}(0) := S_0 \sum_{i=1}^{b} \delta_i D(0,T_i)(1-\bar{C}_{T_i})$$

其中，$D(s,t)$ 是 s 到 t 时间内的折现因子（通常假设为确定值），$\delta_i = T_i - T_{i-1}$ 是年份数。在第二个等式中，每个时期的实际未清偿名义值将是 $[T_{i-1}, T_i]$ 的平均值，如往常一样，为了简化，我们用 T_i 时期未清偿金额的值 $1 - \bar{C}_{T_i}$ 代替。

需要注意的是，与下一节层级内容不同，这里在计算未清偿名义值时没有考虑回报率，而仅考虑违约事件的数量。

对于不同到期日，市场引用 S_0 以平衡这两笔费用。如果存在一个关于违约损失和数量的模型，当两笔费用加入模型时会影响该模型中违约的损失和数量，导致相同的风险中性预期从而影响价格。

$$S_0 = \frac{\mathbb{E}_0[\int_0^T D(0,t)\,\mathrm{d}\bar{L}_t]}{\mathbb{E}_0[\sum_{i=1}^{b} \delta_i D(0,T_i)(1 - \bar{C}_{T_i})]} \tag{2.1}$$

假设无违约利率为确定值，我们可以改写为

$$S_0 = \frac{\int_0^T D(0,t)\,\mathrm{d}\,\mathbb{E}_0[\bar{L}_t]}{\sum_{i=1}^{b} \delta_i D(0,T_i)(1 - \mathbb{E}_0[\bar{C}_{T_i}])} \tag{2.2}$$

同市场通常做法一样，为了能够获得解析或者半解析的定价公式，这里关于无违约利率是确定的这一假设是可行的。这个公式可以放宽到违约和无违约利率相互独立这一假设，从而最终得到确定情况下的 $D(t,T)$ 变为 $P(t,T) = \mathbb{E}_t[D(t,T)]$，得到零息债券价格。

2.2 CDO 层级

到期日为 T 的合成 CDOs 是涉及保险买方、保险卖方以及基础资产池的合约。合成 CDOs 由具有相同到期日的不同主体信用违约互换（CDSs）组合而成，包括主体 1，2，…，M，通常 $M = 125$，每个名义值为 $1/M$，并且将最终池的损失划分为 A 到 B 之间，即 $0 \leqslant A < B \leqslant 1$

$$\bar{L}_t^{A,B} := \frac{1}{B-A}[(\bar{L}_t - A)1_{\{A < \bar{L}_t \leqslant B\}} + (B - A)1_{\{\bar{L}_t > B\}}]$$

另一个有用的可替代表达式为

$$\bar{L}_t^{A,B} := \frac{1}{B-A}[B\bar{L}_t^{0,B} - A\bar{L}_t^{0,A}] \tag{2.3}$$

一旦足够多的主体违约并且损失达到 A，计数就开始了，每次损失的增加会使对应支付给买方的补偿根据 $B - A$ 的差值进行重新调整，补偿会在到期日或者总资产池的损失超过 B 时停止。

违约补偿的折现值可以被写成

$$\mathrm{DefLeg}_{A,B}(0) := \int_0^T D(0,t)\,\mathrm{d}\bar{L}_t^{A,B}$$

同时，不能被积分迷惑，因为损失 $\bar{L}_t^{A,B}$ 会随着离散跳跃而变化。类似地，总损失率 $\bar{L}_t$ 和层级未清偿名义值也会随着离散跳跃而变化。

与通常情况一样，作为提供保护的交换，在 $T_0=0$ 时确定的费率 $S^{A,B}$ 是在时间 T_1，T_2，…，$T_b=T$ 被定期支付的。部分保费可以在 $T_0=0$ 时作为预付款 $U_0^{A,B}$ 被支付。该比率是按照"存活的"平均层级名义本金来进行支付。如果我们进一步假设可以在每个付款日期 T_i 对名义余额付款，而不是根据 $[T_{i-1},T_i]$ 平均值，则保费可以被写成

$$\mathrm{PremiumLeg}_{A,B}(0) := U_0^{A,B} + S_0^{A,B}\mathrm{Dv01}_{A,B}(0)$$

$$\mathrm{Dv01}_{A,B}(0) := \sum_{i=1}^{b} \delta_i D(0,T_i)(1-\bar{L}_{T_i}^{A,B})$$

当在给 CDO 层级定价时，人们感兴趣的是价差率 $S_0^{A,B}$，并将层级的风险中性定价设为 0。层级的价值是根据折现值（$t=0$）的风险中性预期值计算出来的，该折现值是由上述违约和价差用的差额构成的，从而得到

$$S_0^{A,B} = \frac{\mathbb{E}_0\left[\int_0^T D(0,t)\,\mathrm{d}\bar{L}_t^{A,B}\right] - U_0^{A,B}}{\mathbb{E}_0\left[\sum_{i=1}^{b}\delta_i D(0,T_i)(1-\bar{L}_{T_i}^{A,B})\right]} \tag{2.4}$$

假设无违约利率是确定的，我们可以改写为

$$S_0^{A,B} = \frac{\int_0^T D(0,t)\,\mathrm{d}\,\mathbb{E}_0[\bar{L}_t^{A,B}] - U_0^{A,B}}{\sum_{i=1}^{b}\delta_i D(0,T_i)(1-\mathbb{E}_0[\bar{L}_{T_i}^{A,B}])} \tag{2.5}$$

以上的表达式可以根据层级的预付保费 $U_0^{A,B}$ 进行改写，该层级由预付费进行定价。

在市场上估价的层级适用于标准化资产池，即标准化的起点（A）、终点（B）和标准化的到期日。CDX. NA. IG 和 DJ – iTraxx Europe Main 的标准化起点和终点略有不同。①

① CDX 层级的起点略高，反映了北美流动性投资级主体的平均较高感知风险（例如，以 CDS 价差比率或资产负债表比率来衡量）。

表 2.1 DJ – iTraxx Europe Main 和 CDX. NA. IG 层级的标准化起点和终点

DJ – iTraxx Europe Main	CDX. NA. IG
0 ~3%	0 ~3%
3% ~6%	3% ~7%
6% ~9%	7% ~10%
9% ~12%	10% ~15%
12% ~22%	15% ~30%
22% ~100%	30% ~100%

对于 DJ – iTraxx 和 CDX 资产池，权益层级（Equity Tranche）（$A=0$，$B=3\%$）通过公平的 $U^{A,B}$ 进行估价同时假设 $S^{A,B}=500$ 个基点。权益层级被作为预付费用进行估价是为了降低保险卖方面对的交易对方的信用风险。假设没有预付费用（$U^{A,B}=0$），其他所有层级都通过公平的运行差价 $S^{A,B}$ 进行估价。随着最近市场的动荡，考虑到次优先级（Mezzanine Tranches）市场定价中的特殊风险，3% ~6% 和 3% ~7% 也被作为预付费用和现在的 $S^{A,B}=500$ 个基点进行估价。

3　高斯 Copula 函数模型和隐含相关性

在我们的事例中，高斯 Copula 函数模型可用于对违约时间这一独立随机变量进行建模。当一个信用参考实体的违约事件是一个二元随机变量时，违约事件间的相关性不是一个容易处理的直观对象，因此我们需要将注意力集中在违约时间上。

我们用 τ_i 表示在包含 M 个主体的资产池中主体 i 的违约时间。高斯 Copula 函数形式可以让我们用最一般的方法把不同主体的违约时间联系起来。

如果用 $p_i(t) = Q\{\tau_i \leq t\}$ 表示主体 i 在时间 t 内的违约概率，我们知道随机变量 $p_i(\tau_i) = U$ 是一个均匀分布的随机变量，高斯 Copula 函数是关于均匀随机变量的多元分布。如果我们用 $C(u_1, \cdots, u_n)$ 表示一个多元均匀分布，$U_1, \cdots, U_M$ 表示在 C 分布下的一个多元均匀分布，则具有边缘概率 p_i 的违约时间的可能多元分布为

$$\tau_1 := p_1^{-1}(U_1), \cdots, \tau_M := p_M^{-1}(U_M) \tag{3.1}$$

这里为了简化，我们假设 p 是严格可逆的。

因为 $U_1, \cdots, U_M$ 变量通过多元分布 C 相互联系，在违约时间上，我们有了一个相互关联的结构。

当我们假设

$$[U_1, \cdots, U_M] = [\Phi(X_1), \cdots, \Phi(X_M)]$$

高斯 Copula 函数就会呈现，其中 X_i 是标准高斯随机变量，且 $[X_1, \cdots, X_M]$ 是给定多元高斯随机变量构成的给定矩阵。Φ 是一维标准高斯的累积分布函数。

在高斯 Copula 函数模型中，违约时间通过正态分布的隐含因子 X 联系在一起。

为了得到违约概率 p_i，我们假设了一个特殊结构，假设单个主体的违约率和风险率 λ 相关，换句话说，$p_i(t) = 1 - \exp(-\int_0^t \lambda_i(s)\mathrm{d}s)$。

由此可见，如果 $\tau_1, \cdots, \tau_M$ 是名称 1 到 M 的违约时间，并且每个名称都有确定的风险率 λ_i 和累积风险率 $\Lambda_i(t) = \int_0^t \lambda_i(s)\mathrm{d}s$，那么违约时间的指数分布可以

表示为

$$\tau_1 = \Lambda_1^{-1}(-\ln(1-\Phi(X_1))),$$
$$\tau_2 = \Lambda_2^{-1}(-\ln(1-\Phi(X_2))),$$
$$\vdots$$
$$\tau_M = \Lambda_M^{-1}(-\ln(1-\Phi(X_M)))$$

我们还预计，在公司合成 CDO 估值应用中，根据共同值ρ，描述高斯 Copula 函数的相关矩阵包含的所有非对角元素都相等。情况总是如此，尤其是在定义隐含相关性时。

高斯 Copula 函数模型在市场上首先被用于寻找与层级市场报价一致的相关参数。市场报价的对象是层级的价差（或预付价格）。根据上述符号，$S^{A,B}$（差价）或者 $U^{A,B}$（预付价格）将会由市场给出，并且从市场估价中可以得到由高斯 Copula 函数的相关性ρ构成的矩阵：

$$\begin{bmatrix} 1 & \rho & \rho & \cdots & \rho \\ \rho & 1 & \rho & \cdots & \rho \\ \rho & \rho & 1 & \cdots & \rho \\ \vdots & \vdots & \vdots & \vdots & \vdots \\ \rho & \rho & \rho & \cdots & 1 \end{bmatrix} \tag{3.2}$$

公式（2.4）根据层级的损失 $\bar{L}^{A,B}$ 的期望定义了市场报价，反过来，在某一特定时间，损失将根据违约时间进行分级：

$$\bar{L}_t = \sum_{i=1}^{M} \frac{1}{M}(1-R_i)1_{\{\tau_i \leqslant t\}} = \sum_{i=1}^{M} \frac{1}{M}(1-R_i)1_{\{\Phi(X_i) \leqslant p_i(t)\}}$$

其中，X_i是多元高斯变量构成的相关矩阵（3.2），R_i是每个主体各自的回报率。

在更详细了解模型之前，我们先介绍两种可以应用 Copula 函数模型的一般情况：

1. 异质池（Heterogeneous Pool）与同质池（Homogeneous Pool）。在同质模型中假设 CDO 池中的所有信用参考实体有相同的违约率和回收率，上述的 p_i和R_i都相等。在异质模型中的每个信用参考实体 i 可以有不同的违约率 p_i和回收率 R_i。

2. 有限池和无限池。在有限池模型中，我们需要考虑组成 CDO 池的信用参考实体的实际数量 M。而在无限池模型中，假设信用参考实体的数量趋于无穷大并且使用了极限的性质。

在特殊情况下，我们将看到如何将同质假设和信用参考实体数量无限假设结合起来，从而得到层级 NPV 计算的简化形式。

相关性参数 ρ 会影响层级定价，因为它是构成层级损失分布的关键统计参数，ρ 的期望值将用于匹配市场报价。在模型中其他参数都给定时，隐含相关性致力于寻找与给出的层级报价一致的数值 ρ。

接下来，我们将举例说明隐含相关性的两种主要类型，这两种类型可以从市场 CDO 层级价差中获得：

1. 复合相关性在单一层级水平上更具一致性。然而，对于某些市场，CDO 层级价差不能被体现或者需要多种方式体现，从而会有多个能再现层级价差的相关值。

2. 基础相关性的一致性较差但更灵活，它可以在更广泛的 CDO 层级市场价差中体现出来。此外，基础相关性更容易进行插值，从而使对非标准化终点部分进行定价成为可能。即便如此，基础相关性可能导致负的预期层级损失，从而违反基本的无套利条件。我们用数值举例来说明这些特征。

首先，我们介绍一般的单因子高斯 Copula 模型，接着将介绍有限池同质单因子高斯 Copula 函数模型。我们将展示在这种情况下如何计算损失概率公式。接下来我们引入异质性，表明考虑异质性将以牺牲计算效率为代价，从而通过傅立叶方法或者递归方法来计算损失分布。随后，我们将回到同质性假设，说明无限池同质模型——通常被称为 LHP（Large Homogeneous Portfolio）——如何利用大数定律使公式变得更简单。最后，在这本书中我们默认使用同质假设，因为同质模型足以凸显隐含相关性的一些关键缺陷。不得不说，在实践中，由于有必要计算单个主体的套期保值率（Hedge Ration），因此会采用异质模型，即使存在分散在各主体中的价差可能导致不同 p_i 的复杂问题。

3.1 单因子高斯 Copula 函数模型

单因子 Copula 函数结构是上述高斯 Copula 函数的特殊形式：

$$X_i = \sqrt{\rho_i} S + \sqrt{1 - \rho_i} Y_i$$

其中，Y_i 和 S 是标准的独立高斯变量。S 是影响所有名称违约时间的系统因子，而 Y_i 是仅影响第 i 个主体的特殊因子。

这样的参数化使高斯因子 X_i 和 X_j 的相关性可表示为 $\sqrt{\rho_i \rho_j}$。然而，与式（3.2）和同质性假设一致，对于所有的主体 i，所有成对的相关参数都会归为一个共同值，即 $\rho_i = \rho$。我们得到了和式（3.2）一样的简化式，因为在 125 个主体中所有可能的 $125 \times 124/2 = 7750$ 对相关性都被假设为相等的。

假设违约时的回收率 R_i 是确定的但可能不相同，我们能够从高斯变量 X_i 的模拟中开始模拟任何时间 t 的资产池损失。

$$\begin{aligned}\overline{L}_t &= \sum_{i=1}^{M} \frac{1}{M}(1 - R_i)1_{\{\tau_i \leq t\}} \\ &= \sum_{i=1}^{M} \frac{1}{M}(1 - R_i)1_{\{X_i \leq \Phi^{-1}(p_i(t))\}}\end{aligned} \tag{3.3}$$

因此，我们可以模拟任何层级的保费部分和违约部分的净现值（NPV）。

3.1.1 有限池同质单因子高斯 Copula 函数模型

通过模拟计算衍生产品的净现值（NPV）可能是必要的，但可能导致高强度的数值计算工作。在引入同质性假设的基础上，证明了高斯 Copula 函数模型可以得到一个计算资产池损失分布的半解析公式。

同质性假设等同于对每个信用参考实体的假设。

（1）每个主体的累计风险函数均相同：

$$\Lambda_1(y) = \cdots = \Lambda_M(y) = \Lambda(y)$$

所有的 y 均相等，这意味着对于所有的时间 t，资产池中所有的主体违约的可能性是相同的，即 $p_1(t) = \cdots = P_M(t)$；

（2）所有主体 i 违约时的回收率是相同的，即 $R_i = R$，这意味着为了知道资产池损失，我们仅需要知道池中的违约实体数和共同的回收率 R。

假设我们知道系统性因素 S 的实现，在这种情况下，以 S 为条件，信用参考池中的违约事件是独立的。同时基于单因子假设和同质性假设，我们知道池中每个信用参考实体的违约概率。

在池中每个参考实体的系统性因素 S 都实现的条件下，T 时刻的违约是一个具有相同违约概率的伯努利随机变量：

$$\mathbb{Q}(\tau_i < T \mid S) = \Phi\left(\frac{\Phi^{-1}(1 - \exp(-\Lambda(T))) - \sqrt{\rho}S}{\sqrt{1-\rho}}\right) \tag{3.4}$$

在系统性因素 S 实现的条件下，池中违约实体的数量是 M 个伯努利变量的和，因而服从二项分布。

$$\mathbb{Q}\left\{\overline{C}_T = \frac{n}{M}\middle| S\right\} = \frac{M!}{n!(M-n)!}\mathbb{Q}(\tau_i < T \mid S)^n(1 - \mathbb{Q}(\tau_i < T \mid S))^{M-n} \tag{3.5}$$

这里需要指出的是，根据同质池假设，对所有主体 i，$\mathbb{Q}(\tau_i < T \mid S)$ 项都是相同的。

现在我们可以将表达式整合到式（3.5）中，从而得到时间 T 时，有 M 个信用记录的标准化资产池发生 n 次违约的无条件概率。

$$\mathbb{Q}\left\{\overline{C}_T = \frac{n}{M}\right\} = \int_{-\infty}^{+\infty} \mathbb{Q}\left\{\overline{C}_T = \frac{n}{M}\middle| S\right\}\varphi(S)\,\mathrm{d}S \tag{3.6}$$

其中，$\varphi(S)$ 是标准正态的密度函数。

$$\varphi(S) = \frac{1}{\sqrt{2\pi}}e^{-\frac{1}{2}S^2}$$

根据式（3.6）我们很快获得了资产池的损失分布：

$$\mathbb{Q}\left\{\overline{L}_T = (1-R)\frac{n}{M}\right\} = \mathbb{Q}\left\{\overline{C}_T = \frac{n}{M}\right\} \tag{3.7}$$

通过计算式（3.6）中 $n=1$，…，M 的积分，我们得到了资产池损失率的无条件分布，我们需要它来计算在式（2.4）中理论的层级价差 $S^{A,B}$（预付款 $U^{A,B}$）。

式（3.6）中的积分不允许一个封闭形式的解，而所有其他数量可以被解析计算。因此，式（2.4）对于有限池同质单因子高斯 Copula 函数模型的理论层级价差是半解析的（积分的计算是解析的）。

3.1.2 有限池异质单因子高斯 Copula 函数模型

现在我们取消同质性假设，并假设不同主体的累积风险率可以不同：

$$\Lambda_i(y) \neq \Lambda_j(y) \quad (i \neq j)$$

为了简化，我们对回收率保持同质性假设，即对所有的 i，有 $R_i = R$。

在系统因子 S 实现的条件下，一个实体 i 直到时间 T 时的违约情况是一个具有事件概率的伯努利随机变量：

$$\mathbb{Q}(\tau_i < T|S) = \Phi\left(\frac{\Phi^{-1}(1-\exp(-\Lambda_i(T))) - \sqrt{\rho}S}{\sqrt{1-\rho}}\right) \tag{3.8}$$

违约的计算过程，即这些相互独立的伯努利随机变量的和，不是一个二项随机变量，因为对于不同主体 $i=1$，…，M 其概率是不相同的。然而，违约的数量（和因此损失）的分布可以通过下面的算法得到，这个算法基本是在系统性因素 S 实现的条件下，在建立池违约计数过程时，每次增加一个主体（一个独立伯努利随机变量）。

假设我们知道一个 K 个信用记录构成的子集发生 n 次违约的条件概率，如从由 M 个信用记录构成的池中，选取主体 1，2，…，K，在时间 T 之前有 $\mathbb{Q}^K\{\overline{C}_T = n/K|S\}$，其中 $n=1$，…，K。$\mathbb{Q}^K$ 表示资产池仅由前 K 个主体构成的概率。

已知主体 $K+1$ 违约的条件事件概率为 $\mathbb{Q}(\tau_{K+1} < T|S)$，我们可以计算对于一个有 $K+1$ 个实体的资产池，其违约计数过程的条件分布：

$$\mathbb{Q}^{K+1}\left\{\overline{C}_T = \frac{0}{K+1}\middle|S\right\} = \mathbb{Q}^{K}\left\{\overline{C}_T = \frac{0}{K}\middle|S\right\}\times(1 - \mathbb{Q}(\tau_{K+1} < T|S)),\cdots$$

$$\mathbb{Q}^{K+1}\left\{\overline{C}_T = \frac{n}{K+1}\middle|S\right\} = \mathbb{Q}^{K}\left\{\overline{C}_T = \frac{n-1}{K}\middle|S\right\}\mathbb{Q}(\tau_{K+1} < T|S)$$

$$+\mathbb{Q}^{K}\left\{\overline{C}_T = \frac{n}{K}\middle|S\right\}\times(1 - \mathbb{Q}(\tau_{K+1} < T|S)),1 \leqslant n \leqslant K,$$

$$\mathbb{Q}^{K+1}\left\{\overline{C}_T = \frac{K+1}{K+1}\middle|S\right\} = \mathbb{Q}^{K}\left\{\overline{C}_T = \frac{K}{K}\middle|S\right\}\mathbb{Q}(\tau_{K+1} < T|S)$$

在迭代的最后，我们会得到（对于所有 n）

$$\mathbb{Q}\left\{\overline{C}_T = \frac{n}{M}\middle|S\right\} = \mathbb{Q}^{M}\left\{\overline{C}_T = \frac{n}{M}\middle|S\right\}$$

设置如下式子，可以进行递归：

$$\mathbb{Q}^{1}\left\{\overline{C}_T = \frac{0}{M}\middle|S\right\} = 1 - \mathbb{Q}(\tau_1 < T|S),$$

$$\mathbb{Q}^{1}\left\{\overline{C}_T = \frac{1}{M}\middle|S\right\} = \mathbb{Q}(\tau_1 < T|S)$$

通过计算式（3.6）对 $n=1$，…，M 的积分，我们可以再次获得池违约率的无条件分布。假设同质回收如式（3.7）所示，我们可以获得资产池损失率分布的无条件分布。如果回收不是同质的，这个方法依旧可用，但是需要对每个不同规模资产池的可能损失进行优化。这个方法最初由 Andersen 等（2003）讨论得出。

3.1.3 大型资产池同质单因子高斯 Copula 函数模型

让我们回到同质池假设中，如果我们假设构成 CDO 池的信用记录数量趋于无穷（或者非常大），那么公式可以进一步被简化。

如果投资组合规模较大，在因素 S 的条件下，标的投资组合在某一特定时间段内违约的信贷比例应该大致等于在该时间段内普通个人的违约概率（根据同质假设，主体同等）。这是一个由“大数定律”得到的概率结果（反过来，大数定律可以由中心极限定理推导出来）。

我们将以 DJ - iTraxx 为例，介绍干净池（Clean Pool）风险率 λ 的定义

$$\lambda_{\text{clean}} := \frac{S_0^{\text{DJ-iTraxx}}}{1-R} = \frac{S_0^{\text{DJ-iTraxx}}}{\text{L}_{\text{GD}}}$$

其中，$S_0^{\text{DJ-iTraxx}}$ 是到期日 T 时 CDS 指数的引用价差。该公式基于单主体 CDS 类比，其保费支付是连续的并且风险率在时间上是恒定的，如 Brigo 和 Mercurio（2006）第 21.3.6 节所示。

如果我们用 T 表示合约的到期日，则该投资组合的平均累积违约率近似为

$$\mathrm{PD}(T) = 1 - \exp(-\lambda_{\text{clean}} T)$$

在一个有恒定风险率的标准模型中，系统的因素 S 实现的条件下，违约是独立的并且每个主体违约的概率和上述一致。

$$\mathrm{PD}_1(T;S;\rho) = \Phi\left(\frac{\Phi^{-1}(\mathrm{PD}(T)) - \sqrt{\rho}S}{\sqrt{1-\rho}}\right)$$

在这里，大型资产池假设开始发挥作用。我们可以假设主体的数量趋向于无穷，然后观察池中违约比例发生的变化。

在给定的时间 T 中，资产池的违约比例或者违约率 $\bar{C}$ 是由违约主体的数量与池中总主体数相除得到。在条件 S 的情况下，我们可以写为

$$\bar{C}_T^M(S) = \frac{1}{M}\sum_{i=1}^{M} 1_{\{\tau_i \le T|S\}}$$

但是考虑到在条件 S 的条件下，$1_{\{\tau_i \le T|S\}}$ 是独立同分布的，其均值为 $\mathrm{PD}_1(T;S;\rho)$，根据大数定律我们可以得到

$$\bar{C}_T^M(S) \to \mathrm{PD}_1(T;S;\rho)(M \to \infty)$$

因为，所有的主体具有相同的回收率，损失只是简单地由（$1-R$）乘以违约率 $\bar{C}$ 得到，在我们的例子中无限池的损失可简化为

$$\bar{L}_T^{\infty}(S;\rho) = (1-R)\mathrm{PD}_1(T;S;\rho)$$

如果我们考虑一个 $[0,B]$ 的层级，其最小损失（在条件 S 下）是（$\bar{L}_T(S),B$），LHP（参见 McGinty 和 Ahluwalia，2004）通过利用上述关于大型资产池损失的结论计算层级损失的期望。由此在条件 S 下，因为可以通过大数定律进行简化，进而没有必要取期望值：

$$\mathbb{E}[\bar{L}_T^{0,B}|S] = \bar{L}^{0,B,\infty}(T;S,\rho) := \frac{1}{B}\min(\bar{L}_T^{\infty}(S;\rho),B)$$

注意无期望值真的在起作用，在无条件情况下：

$$\mathbb{E}[\bar{L}_T^{0,B}](\rho) = \bar{L}^{0,B,\infty}(T;\rho) := \int \bar{L}^{0,B,\infty}(T;s,\rho)\varphi(s)\mathrm{d}s$$

特别地，代入所有表达式并求和，我们得到

$$\bar{L}^{0,B,\infty}(T;\rho) = \int \frac{1}{B}\min\left(\Phi\left(\frac{\Phi^{-1}\left(1-\exp\left(\frac{-S_0^{\text{DJ-iTrax}}T}{L_{GD}}\right)\right)-\sqrt{\rho}S}{\sqrt{1-\rho}}\right)\times(1-R),B\right)\varphi(s)\mathrm{d}s \tag{3.9}$$

我们可用封闭形式计算得到

$$\bar{L}^{0,B,\infty}(T;\rho) = \Phi(A_1) + \frac{L_{GD}}{B}\Phi_2\left(-A_1,\Phi^{-1}\left(1-\exp\left(\frac{-S_0^{\text{DJ-iTraxx}}T}{L_{GD}}\right)\right),-\sqrt{\rho}\right)$$

$$A_1 = \frac{1}{\sqrt{\rho}}\left[\Phi^{-1}\left(1 - \exp\left(\frac{-S_0^{\text{DJ-iTraxx}}T}{L_{GD}}\right)\right) - \sqrt{1-\rho}\Phi^{-1}(B/L_{GD})\right]$$

其中 $\Phi_2(\cdot, \cdot, c)$ 是相关性为 c 的二元标准正态累积分布函数。

对于一般层级 A，B 通过上述公式我们可以得到

$$\bar{L}^{0,B,\infty}(T;\rho_A,\rho_B) = \frac{1}{B-A}\left[B\bar{L}_T^{0,B,\infty}(\rho_B) - A\bar{L}_T^{0,A,\infty}(\rho_A)\right]$$

在这个式子中，要记住我们是在到期日 T 的条件下进行所有计算的。如果和模型一致需要使 $\rho_A = \rho_B$，然而考虑到隐含的相关性，我们保留了可能的不一致。

接下来，让我们计算公平的层级价差。

前文中，我们只计算了最终期限 T 的预期层级损失的公式，但由于 CDO 的支付取决于不同时刻的预期层级损失，我们需要将其扩展到更早的时间。McGinty 和 Ahluwalia（2004）认为应该考虑季度的间隔，即每季度支付一次并且用下面的方法定义了一个“季度残余率” SR（T 以年为单位，按季度复利计算）。

$$1 - \bar{L}^{A,B,\infty}(T,\rho_A,\rho_B) = \left(1 + \frac{SR^{A,B}(\rho_A,\rho_B)}{4}\right)^{-4T}$$

一旦 SR 在某个特定时间 T 退出，我们可以计算任何其他时间 T_i 的预期名义值如下

$$1 - \bar{L}^{A,B,\infty}(T_i,\rho_A,\rho_B) := \left(1 + \frac{SR^{A,B}(\rho_A,\rho_B)}{4}\right)^{4T_i}$$

然后我们可以将层级违约部分价格表示为

$$\text{DefLeg}_{A,B}(0;\rho_A,\rho_B) = \sum_{i=a+1}^{b} D(0,T_i)\left(\bar{L}^{A,B,\infty}(T_i;\rho_A,\rho_B) - \bar{L}^{A,B,\infty}(T_{i-1};\rho_A,\rho_B)\right)$$

将单位价差（或者是“D_{V01}”）的层级保费部分金额表示为

$$\text{Dv01}_{A,B}(0;\rho_A,\rho_B) = \sum_{i=a+1}^{b} \delta_i D(0,T_i)\left(1 - \bar{L}^{A,B,\infty}(T_i,\rho_A,\rho_B)\right)$$

在这种情况下，在保费部分所支付的公平层级差价 $S^{A,B}$ 和违约部分相等，从而得到

$$S_0^{A,B} = \frac{\text{DefLeg}_{A,B}(0;\rho_A,\rho_B)}{\text{Dv01}_{A,B}(0;\rho_A,\rho_B)}$$

但这个方法有以下使用限制：

- 它只能用于非常大的投资组合（如包含 100 个或者更多主体的组合），但这仅针对 CDOs，对第 K 个违约互换并不适用；

• 在违约数量较少时（0 或者 1），该模型无法生成一致的概率。这是因为模型没有考虑实际的违约数，而仅考虑了违约组合的分数（连续的）。

3.2 双 t – Copula 模型

双 t – Copula 模型由 Hull 和 White（2004）首次提出，但并不详尽。其主要目的，正如我们将在下面的第 3.8 节中阐述的那样，通过平滑基础相关性偏度来提高隐含相关性的一致性，甚至允许在某些特定的日期中有一个平滑的校准偏度。除了主体，读者需要注意的是，由此产生的 Copula 并不是一个学生 t – Copula。

下面将仅看到有限同质池情况下的计算细节，而向其他情况的扩展（导致有限池异质和大型池同质的双 t – Copula 函数）是一目了然的。

让我们再考虑一下隐含因子方程

$$X_i = \sqrt{\rho_i}S + \sqrt{1 - \rho_i}Y_i$$

其中，所有的 Y_i 是自由度为 d_1 的独立学生 t 变量，S 是自由度为 d_2 学生 t 变量且独立于所有的 Y_i。

在同质性假设给定的条件下，对于所有 y，每个主体的累积风险率函数是相同的。

$$\Lambda_1(y) = \cdots = \Lambda_M(y) = \Lambda(y)$$

假设已知系统因素 S 的实现，则同质性条件下违约概率将会是

$$\mathbb{Q}(\tau_i < T \mid S) = F_{d_1}\left(\frac{F_+^{-1}(1 - \exp(-\Lambda(T))) - \sqrt{\rho}S}{\sqrt{1 - \rho}}\right) \quad (3.10)$$

其中，F_d 是自由度为 d 的累积学生 t 分布，F_+ 是自由度分别为 d_1 和 d_2 的相互独立的学生 t 分布相加，形成的累积分布函数。

有一点 Hull 和 White（2004）并没有提及，即 F_+ 并不能由解析形式得到，而需要计算或者由两个学生 t 变量的卷积得到。Vrins（2009）通过提出模拟或者半分析的方法来解决这个问题。我们补充的一种可能的方法是，计算和的特征函数作为两个学生 t 变量特征函数的乘积，并利用反傅立叶方法从和的特征函数中得到累积分布函数 F_+。或者我们可以使用矩量母函数（Moment Generating Function）和拉普拉斯逆变换。

与高斯情况一样，在条件 S 下，信用参考实体池中的违约事件是相互独立的。系统因子 S 满足的条件下，在 T 时刻池中违约实体数是 M 个伯努利变量的和，从而为二项分布。

$$\mathbb{Q}\left\{\overline{C}_T = \frac{n}{M}\middle|S\right\} = \frac{M!}{n!(M-n)!}\mathbb{Q}(\tau_i < T|S)^n(1-\mathbb{Q}(\tau_i < T|S))^{M-n} \tag{3.11}$$

基于同质池的假设，对于所有的实体 i，$\mathbb{Q}(\tau_i < T|S)$ 都是相同的。

现在我们可以将表达式整合到式（3.11）中，从而得到在 M 个信用参考实体的标准化资产池中，T 时刻发生 n 次违约的无条件概率：

$$\mathbb{Q}\left\{\overline{C}_T = \frac{n}{M}\right\} = \int_{-\infty}^{+\infty}\mathbb{Q}\left\{\overline{C}_T = \frac{n}{M}\middle|S\right\}f_{d_2}(S)\mathrm{d}S \tag{3.12}$$

其中，$f_{d_2}(S)$ 是自由度为 d_2的学生 t 概率密度函数。

因此，我们可以看出，在计算中与高斯情况的唯一区别在于条件违约概率和观察 n 个违约事件的条件概率的积分。

学生 t 变量的线性组合不再是学生 t 变量，这与高斯变量的线性组合仍然是高斯变量不同。在这方面，上面的隐含因子等式不允许我们表征单因子学生 t - Copula。正如我们上面提到的，由此产生的 Copula 不是学生 t - Copula。然而它仍然是一个 Copula，通过一个相对简单的数值积分可以半解析地计算出它的联合分布，正如我们前面所看到的。

3.3 复合相关性和基础相关性

复合相关性是来自流动市场数据，对于隐含信用违约相关性的第一种范式。这个方法通过高斯关联在每个主体间建立违约相关性，在这个高斯 Copula 中所有的相关参数都整理成一个。

给定这个相关参数，并给定单因子高斯 Copula 的期望衰减，我们可以计算在给定日期的损失分布。因此，我们可以计算式（2.4）中包含的期望，以及公平的层级价差。

在下面所有对复合相关性和基础相关性的计算中，我们都将使用有限池同质单因子高斯 Copula 模型，以避免 LHP 模型中的限制。

以 DJ - iTraxx 层级为例阐明过程，对于给定的 3 年、5 年、7 年和 10 年的期限，进行市场报价

$$U^{0,3\%\,\mathrm{Mkt}} + 500\text{ 个基点(bp)}$$

$$S^{3,6\%\,\mathrm{Mkt}}, S^{6,9\%\,\mathrm{Mkt}}, S^{9,12\%\,\mathrm{Mkt}}, S^{12,22\%\,\mathrm{Mkt}}$$

要获得隐含相关性，可以按如下方式进行。

首先，对于权益层级（Equity Tranche），解出 ρ_3的值

$$\mathrm{DefLeg}_{0,3\%}(0,\rho_3,\rho_3) = 500\text{ bp }\mathrm{Dv01}_{0,3}(0,\rho_3,\rho_3) + U^{0,3\%\,\mathrm{Mkt}}$$

接下来有两个选择：保留 ρ_3 之前的校准值并求出 ρ_6（基础相关）的值

$$\mathrm{DefLeg}_{3,6}(0,\bar{\rho}_{3,6},\bar{\rho}_{3,6}) = S^{3,6\%\,\mathrm{Mkt}}\mathrm{Dv01}_{3,6}(0,\bar{\rho}_{3,6},\bar{\rho}_{3,6})$$

或是重新求出 $\bar{\rho}_{3,6}$（复合相关性）的值。下一步同样是类似的：用于基础相关性的解决

$$\mathrm{DefLeg}_{6,9}(0,\rho_6,\rho_9) = S^{6,9\%\,\mathrm{Mkt}}\mathrm{Dv01}_{6,9}(0,\rho_6,\rho_9)$$

使用新的 $\bar{\rho}_9$ 的值或是解出 $\bar{\rho}_{6,9}$（复合相关性），等等。

$$\mathrm{DefLeg}_{6,9}(0,\bar{\rho}_{6,9},\bar{\rho}_{6,9}) = S^{6,9\%\,\mathrm{Mkt}}\mathrm{Dv01}_{6,9}(0,\bar{\rho}_{6,9},\bar{\rho}_{6,9})$$

在3层级和6层级稍作停留，发现在单个层级的水平上复合相关性更为一致，因为我们使用了单个 Copula 模型和参数 $\bar{\rho}_{3,6}$ 对层级保费部分和违约部分进行估值。

在单个层级水平上，基础相关性并不一致：我们用不同的模型来评估同一支付的不同部分。例如，部分支付（涉及 $L_{0,3}$）用 ρ_3 下的 Copula 来估值，与此同时同一支付的其他不同部分（涉及 $L_{0,6}$）用 ρ_6 下的 Copula 来估值。

稍后我们将重点讨论基础相关的含义，现在先讨论复合相关。

我们输入的市场数据为参考指数期限结构和10年期分期价差（见表3.1）。

表3.1　2005年8月3日 DJ – iTraxx Europe S5 10年期层级报价

层级	持续费用	预付款
0 ~3%	500 个基点	49%
3% ~6%	360 个基点	0
6% ~9%	82 个基点	0
9% ~12%	46 个基点	0
12% ~22%	31 个基点	0

图3.1展示了从这一组市场数据中得出的复合相关性。

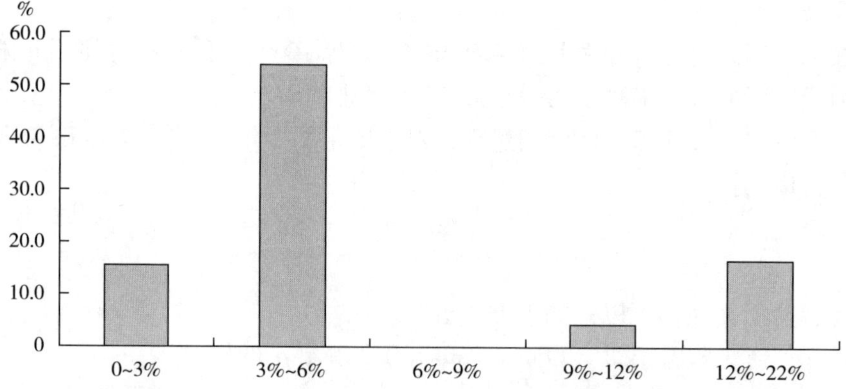

图3.1　对2005年8月3日10年期 DJ – iTraxx S5 层级差价的复合相关性校准

我们注意到没有与6% ~9%层级对应的条形：从层级的市场价差我们不能得到一个复合相关性。我们将在后面看出这个问题并不是个例，因为我们会经常面对不能得出复合相关性的市场差价。

3.4　复合相关函数市场价差的存在性和非单调性

我们刚刚看到，无法在一个特定日期从6% ~9%层级的市场价差中得出隐含的复合相关性。

为了知道背后的原因，我们进一步调查了这个日期，在图3.2中，将公平市场差价作为复合相关性的函数进行作图：权益层级（Equity Tranche）被预先估价（0.25表示25%），所有其他的层级以运行基点数进行估价（123表示1.23%每年）。水平线表示市场价差的水平。

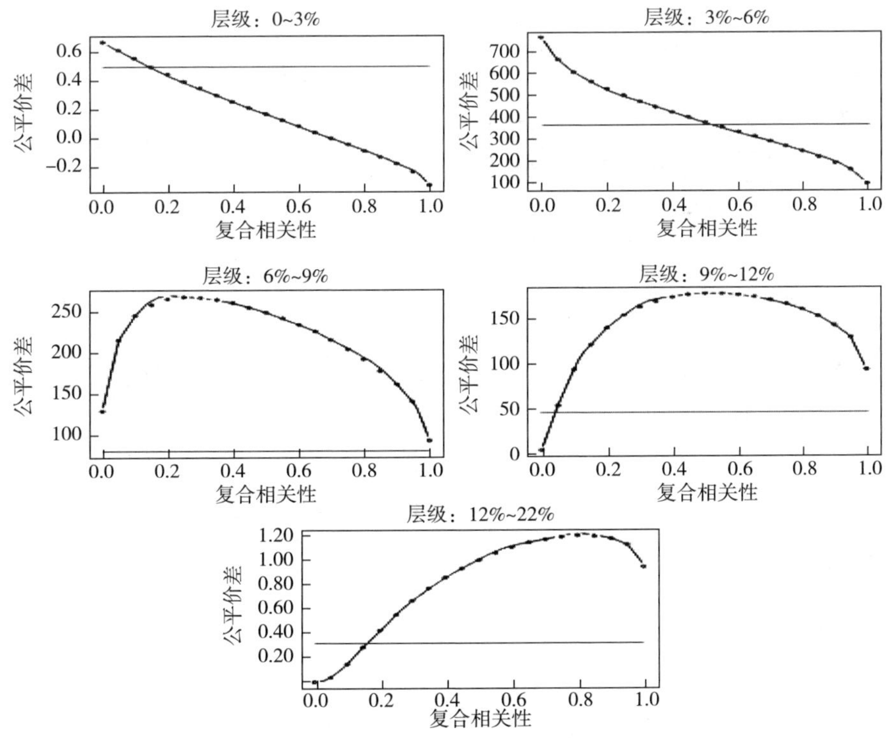

注：层级市场价差（水平线）与层级理论价差的关系是通过改变0和1间的复合相关性获得的（虚线）。

图3.2　10年期DJ－iTraxx S5复合相关可逆性

我们注意到：（1）对于某些层级，从独特的市场差价中我们可以得出不止一种的复合相关性。虽然在图3.2的例子中没有出现，图3.2中水平线最多与虚线相交于一点；（2）给定市场价差，我们并不能保证能得出一个复合相关性，例如，在图3.2中6%～9%的层级（水平线和虚线并没有相交）。

3.5 复合相关性的可逆性限制：危机前

我们已经知道从2005年8月3日的6%～9%层级中不能得到一个复合相关性。

在摘自Torresetti等（2006b）的图3.3中，可以看到这个问题并不局限于个别日期，而是会影响一系列日期。

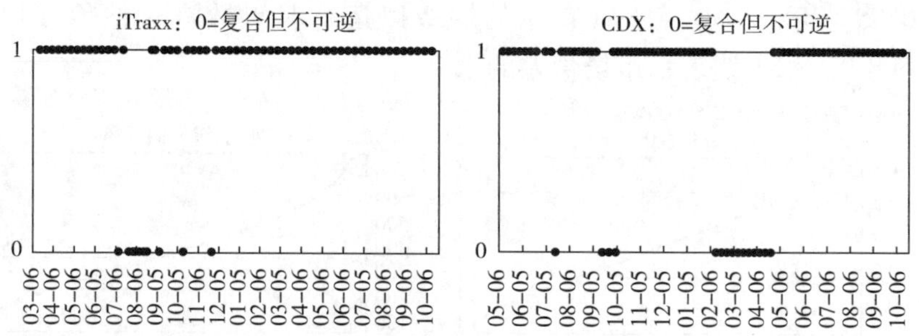

图3.3 对于DJ－iTraxx层级和CDX层级的
复合相关性可逆指标（1表示可逆，0表示不可逆）

［资料来源：Torresetti等（2006b）］

从2005年3月到2006年11月［Torresetti等（2006b）分析所依据的样本］，复合相关性的非可逆性关系到：

（1）10年期DJ－iTraxx的6%～9%层级（参见图7.2）；

（2）主要是10年期7%～10%层级和少量10年期10%～15%CDX层级（参见图7.4）。

3.6 基础相关性

在这里，我们将说明基础相关性，并展示如何克服复合相关性问题，但其代价是引入了进一步的非一致性。

在图3.4中，我们绘制出了表3.1市场数据校准的基础相关性，以及作为时间函数的不同终点的预期权益层级损失：

$$\mathbb{E}[\bar{L}_t^{A,B}],\ B = 3\%,6\%,9\%,12\%,22\%$$

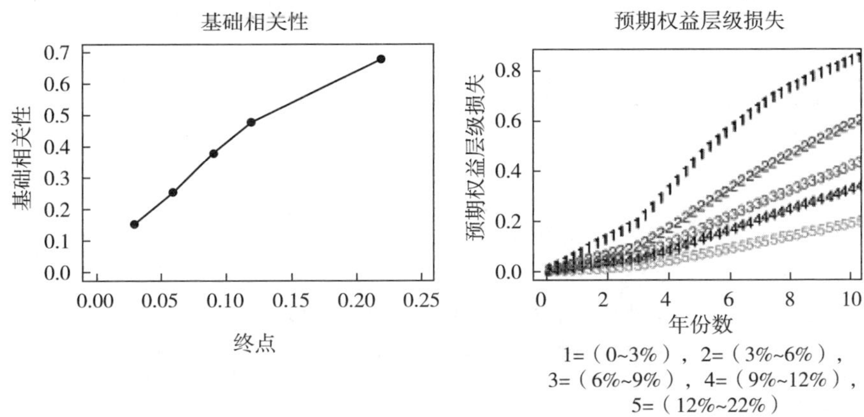

图 3.4　左图为对 2005 年 8 月 3 日的 10 年期 DJ－iTraxx S5 层级的基础相关性校准，右图为与校准的基础相关性对应的预期权益层级损失（终点设置为标准块的终点）

根据这些期望值，利用式（2.3）可以计算出预期层级损失 $\mathbb{E}[\overline{L}_t^{A,B}]$ 并作为时间函数绘制在图 3.5 中。

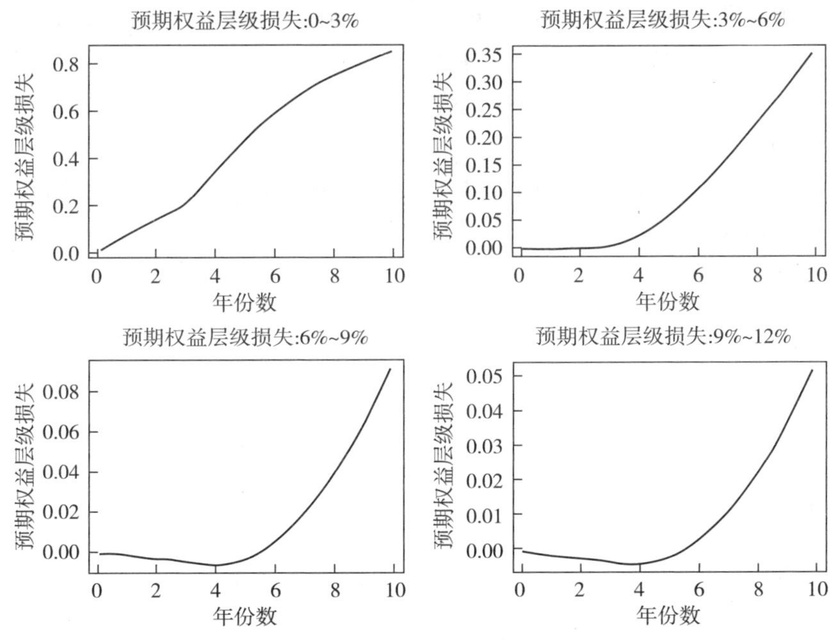

图 3.5　对于 2005 年 8 月 3 日 10 年期 DJ－iTraxx 的 S5 层级，根据基础相关性校准得到预期层级损失的时间函数

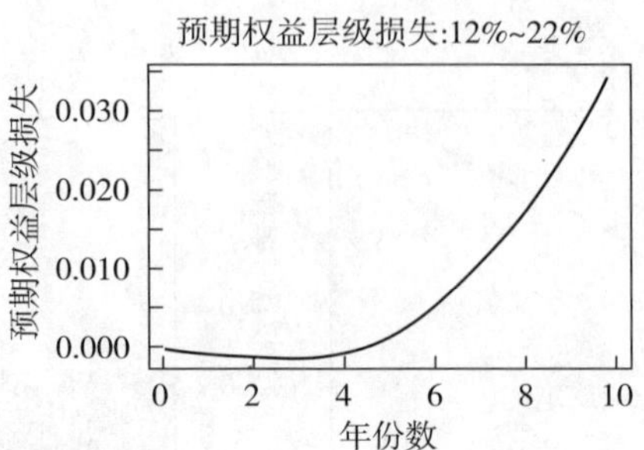

图 3.5　对于 2005 年 8 月 3 日 10 年期 DJ – iTraxx 的 S5 层级，根据基础相关性校准得到预期层级损失的时间函数（续）

通过图 3.4 我们注意到，作为终点的函数，基础相关性比复合相关性更平滑。为了给一个非标准化的层级定价，如 4% ~15% 这一层级，我们可以插入非标准化的起点 4% 和终点 15%，而在复合相关性中我们不知道要插入什么值（因为在复合相关中，每个层级都有各自的相关性，也就是说相关性和两个点相关而不是一个）。

同时我们可以从例子中看到，基础相关方法也不能避免非一致性。事实上，在图 3.5 中我们注意到，在 2005 年中，对于 6% ~9%、9% ~12% 和 12% ~22% 层级的预期损失已经开始略微为负了。

这种不一致性来源于，我们在式（2.3）中使用了不同的基础相关性来计算 A 和 B 的预期层级损失。

此外，正如从图 3.6 中看到的基础相关性仍然显示出相当大的倾斜，从而形成了完全不同的分布。

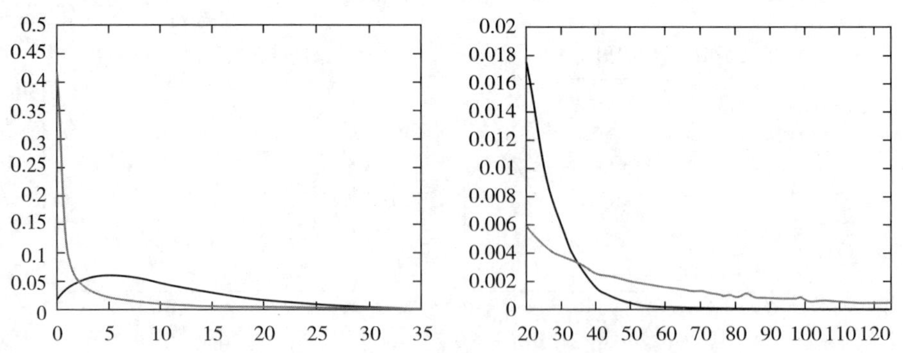

图 3.6　模拟分布（右图为左图右尾的放大图）对应的相关性为 15%（虚线）和 68%（实线），通过违约率为 9.3%的同质有限池单因子高斯 Copula 获得

让我们考虑一下，10 年期违约数分布事实上对应着 15% 和 68% 的相关性。这些相关性是对 2005 年 8 月 3 日 DJ – iTraxx 的 S5 10 年期层级就 3% 和 22% 分离分别进行校准后的基础相关性。①

3.7 基础相关性能否解决复合相关性问题?

答案是肯定的，例如可以从图 3.7 中清楚地看到，对于每个层级的终点，我们将公平层级价差作为基础相关性的函数绘制出来，让起点的基础相关性与图 3.4 右侧中的校准基础相同。

这使我们对能层级价差使用基础相关性校准的范围有所了解。将图 3.7 与图 3.2 进行比较，展示出公平层级价差是复合相关性的一个函数。在图 3.7 中，黑色粗线在层级的市场价差水平上是平坦的。两条细线是我们通过改变复合相关性而获得的最小和最大价差。

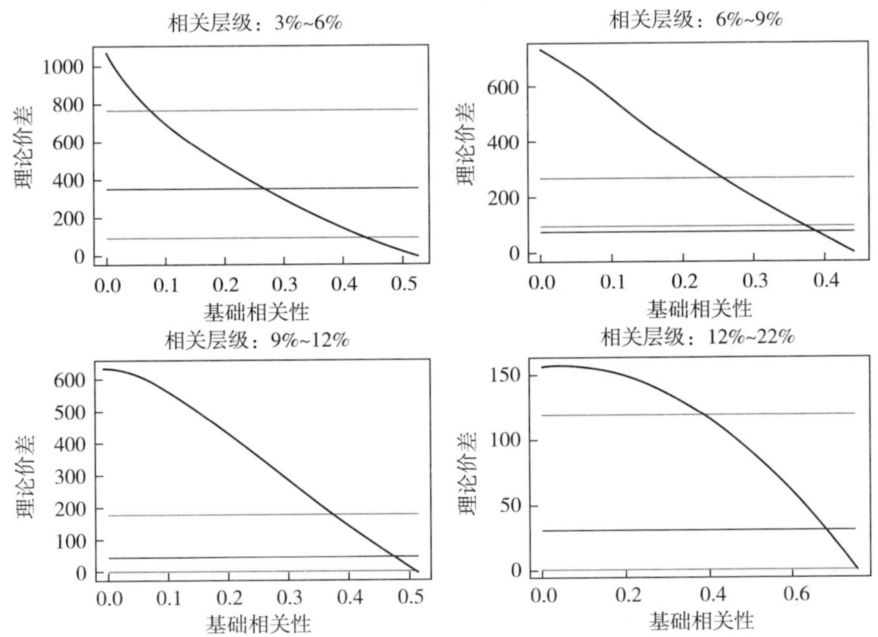

图 3.7 层级的理论价差是固定起点基础相关性后终点基础相关性的函数（虚线），市场层级差价（粗的水平线）和最小以及最大层级价差与复合相关性（细线）可逆

① 违约数分布是通过同质有限池的单因子高斯 Copula 得到的：通过 DI – iTraxx S5 的 CDS 期限结构进行校准得到的同质性 10 年期违约率为 9.3%。

我们注意到，对于每个层级，公平价差是在终点上基础相关性的单调函数，并且通过改变基础相关性所能获得的市场价差范围远大于对应的复合相关性，如6%～9%的层级：从图3.2中在复合相关设置中，可以反转的层级价差位于93个和268个基点之间，而从图3.7中在基本相关设置中，可以反转的层级价差位于0到732个基点之间。

在图3.7中，我们没有绘制0到1之间所有基本相关的市场价差，因为超过一定的限度，公平层级价差变为负值。回顾式（2.3），我们对相同收益的不同部分使用两个不同的相关参数：当这两个相关性差异很大时（终点相关性远高于起点），负的预期层级损失的不一致性变得更加明显。

例如考虑6%～9%层级。在图3.8中，横坐标中绘制了层级付款日期的年分数，在纵坐标中则绘制了预期层级损失（6%～9%）。对于图3.8中的两个图，层级起点相关性都是基于6%终点的校准值。层级终点（9%）的相关性在左侧图（38.07%）上设置为已校准，在右侧图上设置为任意高水平（48%）。

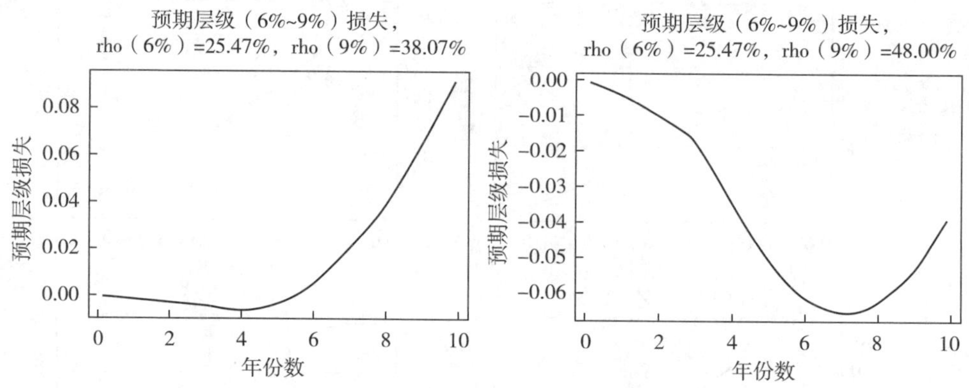

图3.8 10年期DJ－iTraxx S5在两个不同终点基础相关性水平的预期层级损失：38.07%（左图）和48%（右图）

我们可以看到预期层级损失明显为负，这显然违反无套利限制。确实，损失在每个时间路径中必须是非负和非递减的，层级不会改变这一点。更简单地，在给定时间点的层级损失是非负随机变量，并且其期望值也需要是非负的。由于违反了基本非负约束，因此在我们的示例中不会发生这种情况。从根本上说，这是基本相关示例的一个重大缺陷。

3.8 双 t – Copula 能否平滑高斯基础相关偏斜?

为了尽可能平滑高斯 Copula 展现的明显的基础相关性偏斜，我们已经在第 3.2 节的开头提到双 t – Copula。在终点维度上找到一条平滑的隐含基本相关性曲线，意味着所有层级都使用相同的参数。这将提供一致性，因为对于给定的相同到期日，将有一个对所有都一致的双 t – Copula。

前面对 Hull 和 White（2004）的分析表明，双 t – Copula 在 $d_1 = d_2 = 4$ 的特定日期出现了上述结果。他们提供了一个基于 2004 年 8 月 4 日 DJ – iTraxx 的示例，其中就层级间的隐含相关性介于 0.24 和 0.266 使用双 t 规范，而从高斯 Copula 获得的基本相关性则介于 0.204 和 0.448。

即使双 t – Copula 在这种情况下更好，但是在危机中也很难预料——特别是在超高等级层级具有超高价值的情况——双 t – Copula 可以在终点以平滑的相关性曲线拟合数据。将双 t – Copula 与随机回收率配对可能会有所帮助，但是由于需要对 F_+ 进行数值计算，该方法的计算量会很大并且可能不稳定。

3.9 隐含相关性的总结

如式（2.3）所示，通过分解层级损失校准基础相关性，解决了复合相关性校准的两个主要问题。

实际上，如图 3.4 和图 3.7 所示，通过直接校准基本相关性：

（1）得到基本相关性参数到层级价差的单调映射；

（2）我们可以将层级价差的范围转化为一个基本相关性参数；

（3）我们可以通过在终点上对基础相关性进行插值来为特定终点定价。
即使这样，也必须谨慎处理基础相关性，因为它可能导致负损失，从而违反了基本的无套利限制。

与复合相关一样，将 125 × 124/2 个成对相关参数压缩为一个。假设整个矩阵的平滑关联（表征了 Copula）是一个在现实中不可能存在的粗略的简化。

也可能存在其他 Copula 标准。实际上，Hull 和 White（2004）指出，在特定日期，双 t – Copula 可以始终如一地产生层级价差，而相关参数不会出现偏差。我们的独立测试表明，这种偏差会在以后的日期（从 2005 年 5 月开始）重新出现。但是，Copula 的关键问题是其作为一个静态概念，无法通过更改分布来解决。

在不假设任何模型的情况下，一种更独立于模型的层级插值和定价方法，包括隐含的预期层级损失［例如，参见沃克（2006），Torresetti 等（2006a），Cont 和 Minca（2008）］。

因此，在高斯 Copula 模型中使用隐含相关性作为参数存在两个主要问题，即便愿意接受将 7750 个参数平滑为一个。第一，每次更改层级时，模型参数都会更改，这意味着同一资产池中的损失分配非常不同且不一致。第二，在高斯 Copula 中完全没有动态的概念。我们在这里解决了第一个问题，这表明金融文献在 2007 年的危机开始之前就已经做到了这一点。我们将在后面章节解决第二个问题。

4 资本结构的一致性：隐含 Copula

在隐含 Copula 的方法中，与前面的单因子高斯 Copula 方法相同，我们假设有一个因子 Copula 结构。然而，这次我们不直接对 Copula 建模，我们将违约概率模型建立在 Copula 的系统因子 S 上：Copula 将被“隐藏”在这些条件概率中，而这些条件概率将会根据市场进行校准，因此称为“隐含”Copula。在说明“隐含”Copula 时，我们将假设一个大型资产池同质模型，其中单个主体的违约率视为相等。

简单起见，让我们考虑与一个恒定时间风险率联系的生存概率。我们知道如果对于主体 i 我们有一个时间恒定（可能是随机的）的风险率 λ，那么生存概率为

$$\mathbb{Q}(\tau_i > t) = \mathbb{E}[\exp(-\lambda t)]$$

隐含 Copula 方法假设在系统因子 S 的条件下风险率 λ 具有以下分布：

$$\lambda \mid S \sim \begin{cases} \text{条件风险率} & \text{系统环境} & \text{场景概率} \\ \lambda_1 & S = s_1 & p_1 \\ \lambda_2 & S = s_2 & p_2 \\ \vdots & \vdots & \vdots \\ \lambda_h & S = s_h & p_h \end{cases}$$

这样的方法使在系统因子 S 的条件下，对于每个主体 $i=1, \cdots, M$，其违约率为

$$\mathbb{Q}(\tau_i < t \mid S = s_j) = 1 - \exp(-\lambda_j t)$$

与高斯因子 Copula 情况比较：

$$\mathbb{Q}(\tau_i < T \mid S = s_j) = \Phi\left(\frac{\Phi^{-1}(1 - \exp(-\Lambda(T))) - \sqrt{\rho}s_j}{\sqrt{1-\rho}}\right)$$

隐含 Copula 会无条件地产生违约可能性：

$$\mathbb{Q}(\tau_i < t) = \sum_{j=1}^{h} p_j \mathbb{Q}(\tau_i < t \mid S = s_j) = \sum_{j=1}^{h} p_j (1 - \exp(-\lambda_j t)$$

在条件 S 下，所有违约时间是独立的，并且具有相同的风险率，这个风险

率是由上面的场景给定的。

通过采用无限池近似方法，就像我们在 LHP 版本中展示的高斯 Copula 一样，对于所有的 i，条件违约指数 $1_{\{\tau_i<T|S=s_j\}}$ 是独立同分布的，这使得当数量趋近于无穷时，其样本均值接近一个共同的实际均值，即当 M 趋近无穷时，有

$$\bar{C}_T^M(s_j):=\frac{1}{M}\sum_{i=1}^{M}1_{\{\tau_i<T|S=s_j\}}\rightarrow\mathbb{E}\,1_{\{\tau_i<T|S=s_j\}}$$
$$=\mathbb{Q}\{\tau_i<T|S=s_j\}=1-\mathrm{e}^{\lambda_j T}$$

同样地，通过这种方法，我们避免了取期望值，除了最后一个关于 S 的，因为在 $S=s_j$ 的条件下，所有的随机性都被大数定律排除，违约率和损失是完全确定的。

$$\bar{C}_T^M(S)\sim\begin{cases}\quad\text{条件违约率} & \text{系统环境} & \text{场景概率}\\ \bar{C}_T^M(s_1)=1-\exp(-\lambda_1 T) & S=s_1 & p_1\\ \bar{C}_T^M(s_2)=1-\exp(-\lambda_2 T) & S=s_2 & p_2\\ \quad\vdots & \vdots & \vdots\\ \bar{C}_T^M(s_h)=1-\exp(-\lambda_h T) & S=s_h & p_h\end{cases}\tag{4.1}$$

根据市场惯例，我们假设保费支付是按照两个保费支付日期之间的平均未付名义金额计算的。

$$\mathrm{PremiumLeg}_{A,B}^{j}:=U_0^{A,B}+S_0^{A,B}\mathrm{Dv01}_{A,B}^{j}$$

$$\mathrm{Dv01}_{A,B}^{j}:=\sum_{i=1}^{b}\delta_i D(0,T_i)(1-L(0.5(T_i+T_{i-1}))_{A,B}^{j})$$

$$L(t)_{A,B}^{j}:=\frac{\min(B-A,\max((1-R_j)(1-\exp(-\lambda_j t))-A,0))}{B-A}$$

其中，$U^{A,B}$ 和 $S_0^{A,B}$ 是 A、B 层级的中间预付款和现有的价差。

在计算违约部分的贴现偿付时，我们将在贴现保费部分偿付计算的相同日期，即保护性保费支付日，对损失增量进行离散化。我们还将假设，平均而言，损失的增量将在每个时间间隔 $[T_{i-1},T_i]$ 的中间时达到。

$$\mathrm{DefLeg}_{A,B}^{j}:=(1-R_j)\sum_{i=1}^{b}D(0,0.5(T_i+T_{i-1}))(L(T_i)_{A,B}^{j}-L(T_{i-1})_{A,B}^{j})$$

其中，R 是确定的回收率，对于高级无担保 CDSs 通常设置为 40%：与 CDSs 相同的类型，包含 DJ - iTraxx 和 CDX 标准池。

我们将 $\mathrm{PremiumLeg}_{A,B}$ 和 $\mathrm{DefLeg}_{A,B}$ 分别表示为依赖系统因子 S 的、由所有贴现保费部分和违约部分价值所构成的列向量：

$$\mathrm{PremiumLeg}_{A,B}=[\mathrm{PremiumLeg}_{A,B}^{1}\cdots\mathrm{PremiumLeg}_{A,B}^{h}]^{T}$$

$$\text{DefLeg}_{A,B} = [\text{DefLeg}^1_{A,B} \cdots \text{DefLeg}^h_{A,B}]^T$$

在条件 $S = s_j$ 成立的情况下，接受方的层级价格简单地表示为

$$\text{Npv}^j_{A,B} := \text{PremiumLeg}^j_{A,B} - \text{DefLeg}^j_{A,B}$$

然后我们对 S 进行积分，简单地将所有可能的风险率和其对应情景概率相乘并求和，从而得到层级无条件价格：

$$\text{Npv}_{A,B} := \sum_{j=1}^{h} p_j \text{Npv}^j_{A,B}$$

在矩阵表示法中，接收方层级价值可以重写为

$$\text{Npv}_{A,B} := P^T(\text{PremiumLeg}_{A,B} - \text{DefLeg}_{A,B})$$

其中，$P = [p_1 \cdots p_h]^T$ 是具有系统因子概率分布的列向量。

4.1 隐含 Copula 的校准

当校准所有 5 年期 DJ - iTraxx 层级时，最终我们会最小化一个有约束的平方和。如果我们将由所有层级（列）折现构成的矩阵称为 NPV，所有状态（行）的可能支付为

$$\text{Npv} = \begin{bmatrix} \text{Npv}^1_{0,3\%} & \cdots & \text{Npv}^1_{22\%,100\%} \\ \cdots & & \\ \text{Npv}^h_{0,3\%} & \cdots & \text{Npv}^h_{22\%,100\%} \end{bmatrix}$$

那么，校准就简化为

$$\underset{P=(p_1,\cdots,p_h)^T}{\operatorname{argmin}} P^T \text{Npv} \text{Npv}^T P \tag{4.2}$$

条件为

$$\sum_{i=1}^{h} p_i = 1, \quad p_i \geqslant 0 \quad i = 1, \cdots, h$$

请注意，在对基础相关性校准时，市场层级在整个资本结构中必须有连续相邻的起点和终点。如果不是这样，就必须引入某些基础相关性插值假设。而在隐含 Copula 中，这是没有必要的，因为需要校准的层级不需要跨越整个资本结构或彼此相邻。

在隐含 Copula 框架中，Hull 和 White（2006）预先外生地分配了风险率场景 λ_j，从而对场景概率 p 进行校准。人们还可以通过在目标函数中加入模型隐含指数和市场指数之间的平方差来校准指数本身而不是层级。

有人可能天真地以为，我们有了七个报价（六个层级加一个指数）后，从最小值中得到一个较低的平方误差，七个参数 p 就足以匹配市场报价。因此有

人可能会将场景数设置为 $h=7$。事实上，这是行不通的，为了能够更精确地拟合市场数据，我们可能必须设置 $h=30$。

我们尝试了这个模型并进行验证发现，事实上，无论多么聪明的预先选择 λ_1，…，λ_{27}，即使场景数为 27 时，误差仍然是很大的。然而，即使 $h=30$ 时还是有一个问题出现。如果不在最小化问题上施加更多的约束或者平滑，那么每次改变最初猜测时就会得到多个解决方案。我们将在下面通过正规化技术解决这个问题，但首先来讨论一些回收率建模问题。

在这方面，我们会提到违约率和回收率之间的关系，在动荡期（如 2005 年 7 月），这种关系对适应市场相关性偏度是必要的。

根据 Hamilton 等（2005）的实证研究结果，Hull 和 White 认为通过将回收率与该场景下的违约率联系起来，在不同场景下回收率会发生变化：

$$R_j = 0.52 - 6.9(1 - \exp(-\lambda_j 5y))$$

这个函数形式将所有违约率超过 8% 的指定其回收率为 0。或者我们可以找出违约率和回收率之间的对数关系。

$$R_j = a\log(1 - \exp(-\lambda_j 5y))$$

备注 4.1.1（随机回收率作为系统因子的函数）：上面的公式使回收率成为在系统因子条件下的一个强度函数。这样一来，回收率就成了系统因子的一个函数。Amraoui 和 Hitier（2008）给出了一种在不一致基础相关框架中构建回收率成为系统因子的函数的方法。

图 4.1 中的点是我们用来拟合参数 α 的数据点：1982—2004 年的发行人加权全评级债券违约率（Issuer - weighted All - rated Bond Default Rate）和发行人加权高级无担保回收率（Issuer - weighted Recovery Rate Senior Unsecured）来自穆迪公司。1982—2004 年发行人加权全评级债券违约率一直低于 3.82%。因此，在图 4.1 中，当应用于隐含 Copula 时，我们并不能充分理解两个函数形式含义之间的差异。

图 4.2 展示了在整个可能的违约率范围内两种不同的回收率函数：从 0 到 100%。我们注意到，对于高于 8% 的违约率，通过 Hamilton 等（2005）提出的函数形式得到回收率为 0。

一旦我们选择了回收率与违约率之间最中意的函数关系，以上的公式将保持不变，除了在 $S=s_j$ 的条件下违约支付的折现值：

$$\text{DefLeg}^{j}_{A,B} := \sum_{i=1}^{b} D(0, 0.5(T_i + T_{i-1})) \times (\exp(-\lambda_j T_{i-1}) - \exp(-\lambda_j T_i))(1 - R_j)$$

回到正规化，Hull 和 White（2006）建议在目标函数中添加一个量，该量对与每个场景相关的违约率突出的变化进行惩罚。

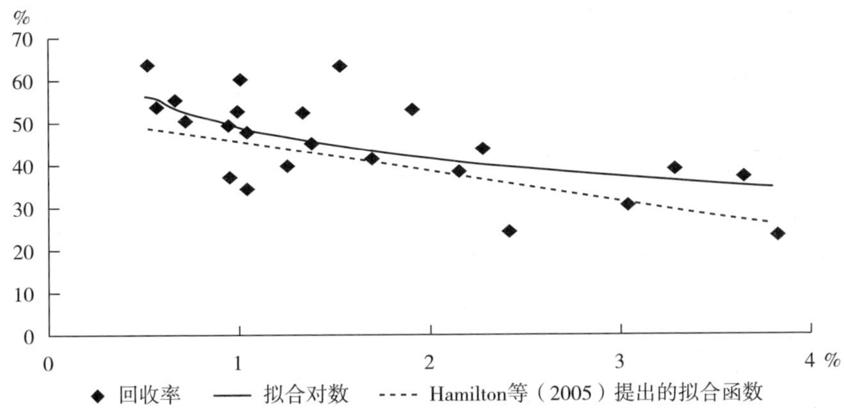

图 4.1 1982—2004 年发行人加权全评级债券违约率和发行人加权高级无担保回收率

（资料来源：穆迪公司）

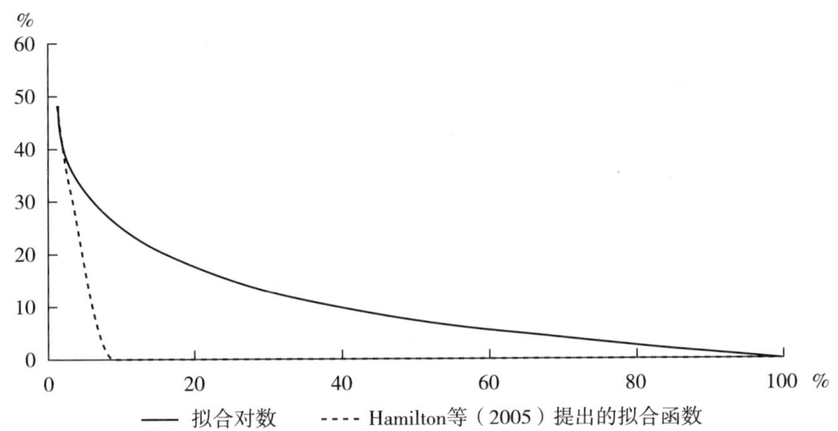

图 4.2 违约率和回收率之间不同的函数形式：

实线为对数形式，虚线为落地线性（Floored Linear）

$$\underset{P=(p_1,\cdots,p_h)^T}{\text{最小化}} P^T \mathrm{N_{PV}} \mathrm{N_{PV}}^T P + c\sum_{j=2}^{h-1} \frac{(p_{j+1}+p_{j-1}-2p_j)^2}{0.5(\mathrm{e}^{-\lambda_{j-1}T_b}-\mathrm{e}^{-\lambda_{j+1}T_b})} \tag{4.3}$$

服从如下条件

$$\sum_{i=2}^{h} p_i = 1,\ p_i \geqslant 0 \quad i = 1,\cdots,h$$

新的分子是 p 项的二阶微分，对偏离线性进行惩罚。因此，当我们绘图 $\{(i,p_i), i=1,\cdots,h\}$ 时所有的驼峰都会受到惩罚。常数 c 控制平滑度：太大的 c 优先于拟合的平滑，我们不能准确地恢复市场估价；而过小的 c 不能保证校准方法的实质唯一性。我们发现 $c=1$ 的结果比较理想。

4.2 两阶段正则化法

Torresetti 等（2006c）提出了一个与 Hull 和 White（2006）不同的方法，这个方法不需要选择正则化系数。

下面简要介绍这两个方法主要的差别：

• 给系统因子 $S=s_j$。分配 125 种可能的状态，此时，与每个状态相关的风险率使资产池在到期时的违约率为 $(j-1)/125$；

$$\lambda_j \text{ 使} (j-1)/125 = 1-\exp(-T_b\lambda_j) \quad \text{其中} j = 1,\cdots,125 \tag{4.4}$$

• 我们所用的两阶段优化将确保，在不需要选择正则化系数 c 时，所有层级的定价在买卖价差内。

第一阶段优化的数值解 $\hat{P}$，例如，式（4.2）中问题的解决方案可以表示为各层级理论价差和市场中间报价的偏差。如果我们用这个偏差除以买卖价差的一半，就得到了标准化的定价误差：

$$\text{MisprStdz}_{A,B} := \frac{S_0^{A,B} - \text{Npv}_{A,B}/\text{Dv01}_{A,B}}{0.5(S_0^{A,B,\text{ask}} - S_0^{A,B,\text{bid}})}$$

其中，$\text{Dv01}_{A,B}$ 是层级基点值的期望值：

$$\text{Dv01}_{A,B} := \sum_{j=1}^{125} p_j \text{Dv01}_{A,B}^{j}$$

A 和 B 的值由所考虑的池中的层级的规范化起点和终点给定。

如果标准化后的定价误差在 -1 和 $+1$ 之间，则系统状态概率向量导致理论层级价差 $\text{Npv}_{A,B}/\text{Dv01}_{A,B}$ 的校准值位于买卖价差内。

两阶段优化包括以下内容：

• 第一阶段的优化包括式（4.2）中所列出的优化，如果这个解使理论层级价差在买卖价差内，那么我们进入第二阶段。

• 第二阶段包括寻找最规律的分布，并在买卖价差中对所有层级进行定价。数值优化从第二阶段优化结束时找到的解开始。

第一阶段优化的解为第二阶段优化问题提供了一个数值起点：

$$\underset{P=(p_1,\cdots,p_h)^T}{\text{argmin}} \sum_{j=2}^{h-1} \frac{(p_{j+1}+p_{j-1}-2p_j)^2}{0.5/125}$$

服从如下条件：

$$\sum_{i=1}^{h} p_i = 1, \ p_i \geqslant 0 \quad i = 1, \cdots, h$$

$$|\mathrm{MisprStdz}^{A,B}| \leqslant 1$$

需要注意的是，在的 $\mathrm{MisprStdz}^{A,B}$ 定义中，$\mathrm{Npv}_{A,B}$ 和 $\mathrm{Dv01}_{A,B}$ 都取决于与我们上面所提到的优化相关的系统状态概率向量。

表 4.1　　　　2006 年 6 月 6 日 5 年期 CDX. NA. IG 层级报价

层级	中位数	买价（最低价）	卖价（最高价）
0 ~3%	32. 40%	31. 50%	33. 60%
3% ~7%	106. 5 个基点	100 个基点	113 个基点
7% ~10%	23. 5 个基点	22 个基点	25 个基点
10% ~15%	10 个基点	9. 3 个基点	10. 7 个基点
15% ~30%	5. 5 个基点	5. 1 个基点	5. 9 个基点

现在我们在特定时期同时使用两种方法，即 Hull 和 White（2006）的方法和 Torresetti 等（2006c）的方法，以此来凸显它们的差异。

为了使两种方法具有可比性，在隐含 Copula 中我们将相同的 125 种可能状态分配给系统因子 $S = s_j$。在到期日时，每个状态的风险率与池的违约率相等，都为（$j-1$）/125，如式（4.4）所示。

然后，我们求解式（4.3）中的最优化问题。我们参考的是 2006 年 6 月 6 日 5 年期 CDX. NA. IG 层级的市场报价。

在图 4.3 中，我们展示了式（4.3）中正则化系数 c 的变化如何影响层级定价的准确性。图中的横坐标表示 $\log_{10}c$，因此在图中正则化系数 c 在 10^{-5} 和 10^{5} 之间变化。两条黑色的水平线代表了每个层级的买卖价差。换言之，它就是最大正负 $\mathrm{Npv}_{A,B}$，从而使标准化定价误差 $\mathrm{MisprStdz}_{A,B}$ 的绝对值仍然小于 1。

在图 4.3 中，我们注意到，如果我们要在买卖价差内对所有层级进行定价，那么我们需要选择 $c = 10^1$。事实上，我们看到对于 $c > 10^1$ 时，7% ~10% 层级的定价误差落在两条黑色水平线以外。

而在图 4.4 中，当正则化系数在 10^{-5} 和 10^{5} 之间变化时，我们看到了解决式（4.3）中问题的最优分布。我们注意到，在不同情况下分布具有很大变化。

虽然在式（4.3）概述的优化中我们没有直接控制定价误差，但是可以通过迭代进行控制：找出最大的正则化系数 c，从而使所有的层级都在买卖价差内进行定价。

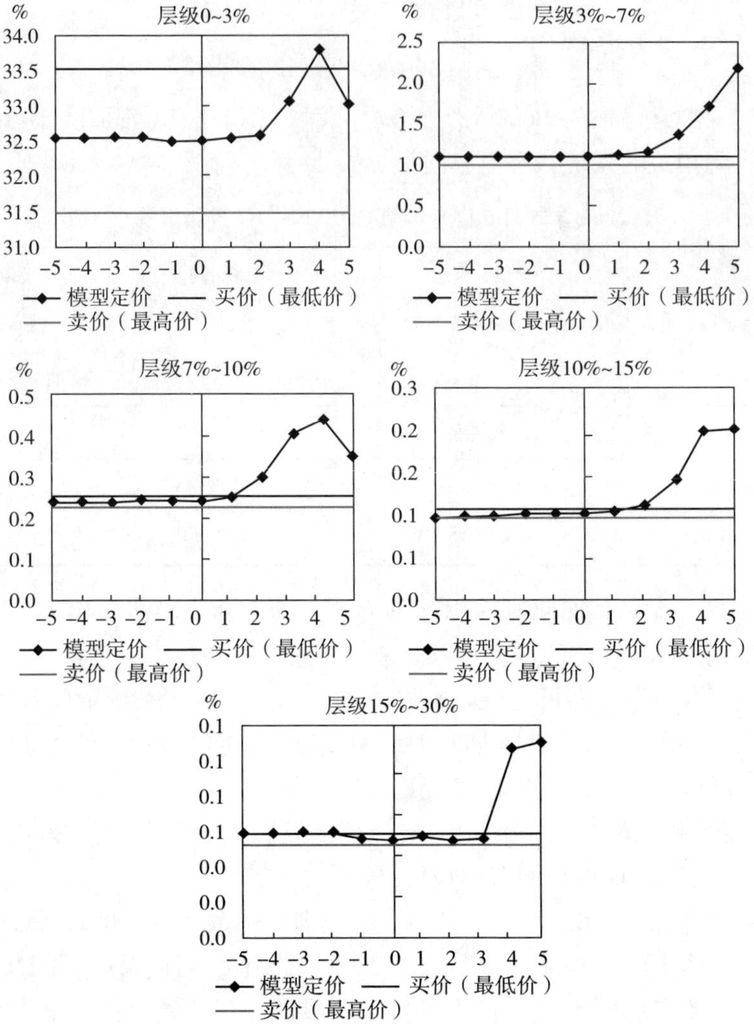

层级0~3%

模型定价　买价（最低价）　卖价（最高价）

层级3%~7%

模型定价　买价（最低价）　卖价（最高价）

层级7%~10%

模型定价　买价（最低价）　卖价（最高价）

层级10%~15%

模型定价　买价（最低价）　卖价（最高价）

层级15%~30%

模型定价　买价（最低价）　卖价（最高价）

注：横坐标为 $\log_{10}c$，即 5 表示 $c=10^5$。

图 4.3　层级定价误差作为正则化参数 c 的函数

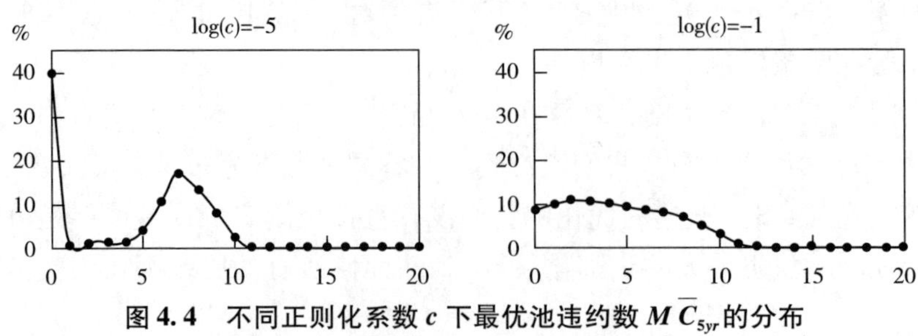

图 4.4　不同正则化系数 c 下最优池违约数 $M\overline{C}_{5yr}$ 的分布

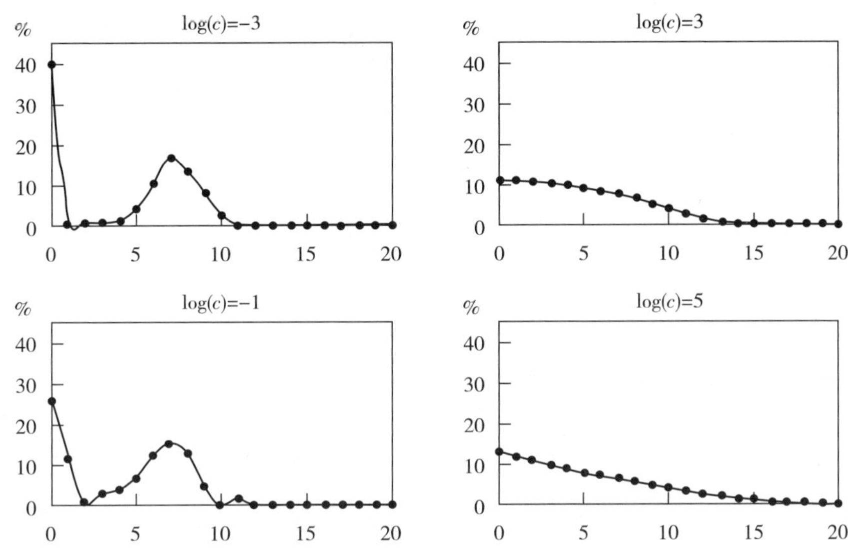

图 4.4 不同正则化系数 c 下最优池违约数 $M\bar{C}_{5yr}$ 的分布（续）

在图 4.5 中，我们根据 Torresetti 等（2006c）描述的两阶段优化法绘制了最优分布。与图 4.4 对比可以看出，我们可以看出这非常符合在式（4.3）中设 $c = 10^1$ 得到的最优分布。

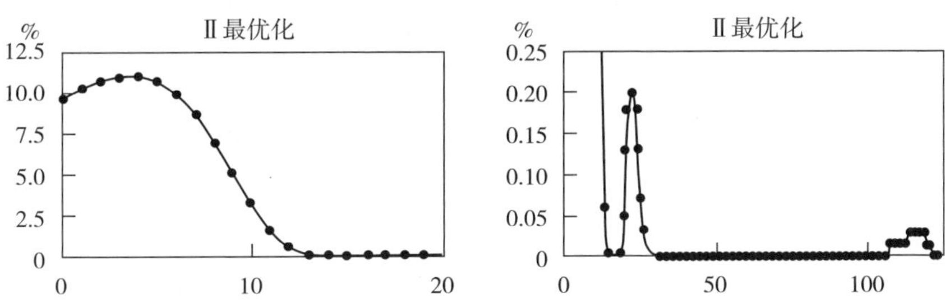

图 4.5 根据两阶段最优化方法得到的最优池违约数 $M\bar{C}_{5yr}$ 分布，右图放大了分布尾端

通过对比图 4.5 和图 4.6 可以发现，分布的尾端也是如此。

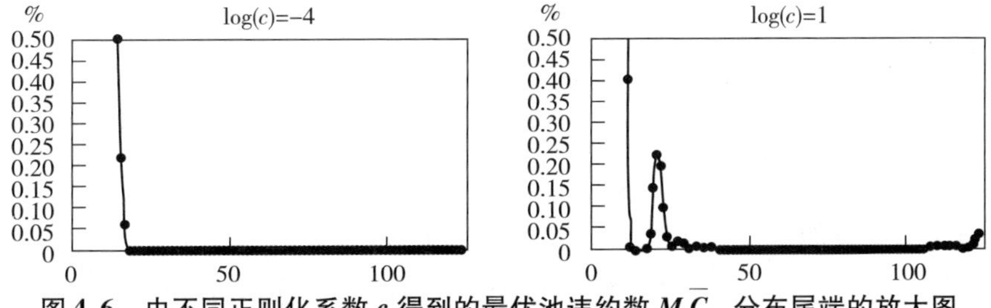

图 4.6 由不同正则化系数 c 得到的最优池违约数 $M\bar{C}_{5yr}$ 分布尾端的放大图

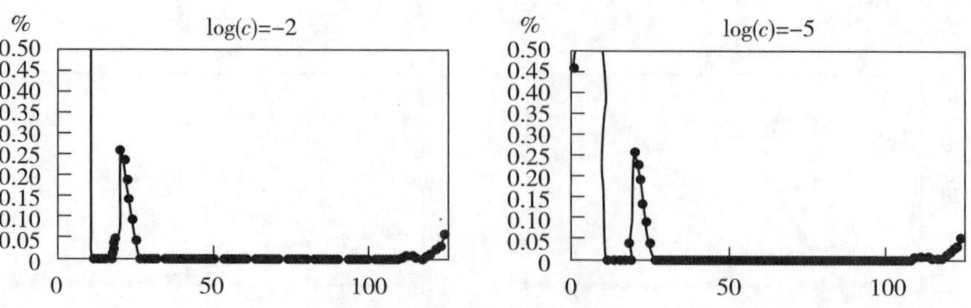

图 4.6 由不同正则化系数 c 得到的最优池违约数 $M\bar{C}_{5yr}$ 分布尾端的放大图（续）

4.3 关于隐含 Copula 考虑的总结

这是一个功能强大但也具有很强限制的方法。从积极的方面来讲，我们拥有了一种能在起点维度一致地校准更多 CDO 层级的方法，这种方法改善了隐含相关性缺乏一致性的问题。但是与其他 Copula 方法一样，这个方法的缺点是违约的核心依赖性被建模为静态的，从而没有依赖性的变动，原则上，在对一个层级期权定价时需要一个动态模型。

此外，单一主体概率间也是没有区别的，它们在不同主体之间是相同的（尽管基于场景）。

上述隐含 Copula 可以解决单一到期日层级报价的一致性问题：存在一个独有的隐含损失分布，该分布对于所有单一到期日层级报价一致。让我们假设人们暂时愿意撇开单一主体建模和对冲问题，那么就隐含地忽略了同质池假设。

这在短期内是可以接受的，因为式（2.1）给出了信用指数报价价差的无套利表达式，式（2.4）给出了 CDO 层级的无套利表达式，表明我们能从这些市场报价中推断出的唯一信息是预期合计数量，而我们缺乏关于单个主体间依赖性的明确信息。特别是信用指数既取决于预期投资组合累积损失，也取决于预期的违约数量，然而 CDO 层级仅取决于预期的层级投资组合累积损失。

我们可以暂时不考虑单个主体，而是专注于在单个时间内隐含损失分布的一致性的基本问题。然而，当可获得多个到期日 CDO 层级报价时，我们不能用隐含 Copula 模型对它们进行解释。因此，我们需要一个无套利动态损失模型，这意味着在不同时间，损失的未来损失分布和每个到期日的层级报价一致。

上面提到的由 Brigo 等（2006a、2006b）提出的 GPL 模型，是一个在没有 Copula 的情况下的显示模型，该模型暗示了违约之间依赖性的一个动态关系。现在我们转向该模型，并不考虑 Brigo 等（2007）中单一主体一致但组合复杂的 GPCL 模型。最后，我们注意到本书所讨论的风险中性测度下的资产池损失分布和客观测度下的实际损失分布式是不同的。例如，Torresetti 等（2006c）就指出了这一点，他们发现一个众所周知的风险溢价的存在，这一风险溢价解释了这种差异。参见 Torresetti 和 Pallavicini（2007）关于 CPDOs 的讨论，也可以看到尾端损失分布的差异。

5 资本结构和到期日的一致性：预期层级损失

在本章，我们采用一种无模型的方法处理一致性问题，这些一致性信息隐藏在层级的起点和到期日上。

让我们再次考虑方程（2.5）。

$$S_0^{A,B} = \frac{\int_0^T D(0,T)\,\mathrm{d}\,\mathbb{E}\left[\bar{L}_t^{A,B}\right] - U_0^{A,B}}{\sum_{i=1}^{b} \delta_i D(0,T_i)\left(1 - \mathbb{E}\left[\bar{L}_{T_i}^{A,B}\right]\right)}$$

上述公式中的分子和分母线性依赖不同时间的预期层级损失（Expected Tranche Loss，ETL），$\mathbb{E}_0[\bar{L}_{T_i}^{A,B}]$。①

如果给定层级预付款的期限结构和不同到期日的价差 $S_{0,T}^{A,B}$，那么就有可能以一种模型独立的方式除去期望 $\mathbb{E}_0[\bar{L}_{T_i}^{A,B}]$。我们将在本章讨论这个问题。

首先，我们注意到预期层级损失的嵌套结构。的确，对于具有相同起点和终点 (A,B)，但具有不同到期日 T_1 和 T_2 的两个层级的净现值的计算都依赖于在 $T_i \leqslant \min\{T_1, T_2\}$ 时的预期层级损失 $\mathbb{E}_0[\bar{L}_{T_i}^{A,B}]$。例如，在5年期0~3%层级和10年期0~3%层级的净现值（NPV）计算中，对于所用 $T_i < 5$ 年的5年期和10年期层级的计算，$\mathbb{E}_0[\bar{L}_{T_i}^{A,B}]$ 的值应该是相同的。

不幸的是，在Copula框架中我们不能保证就是这样的情况，不管考虑的是何种特定Copula模型——无论高斯Copula模型还是双 t – Copula模型，无论同质还是异质，这与Copula是个静态对象有关。作为说明，在图5.1中我们绘制了在单因子同质有限池高斯Copula中，由基础相关产生的预期0~3%层级损失，校准为2009年1月30日5年期和10年期0~3%层级。

我们注意到由校准为3年期/5年期/10年期0~3%层级产生的预期0~3%层级损失并不重叠。因此在评估 $T_i < 3$ 年的相同预期层级损失 $\mathbb{E}_0[\bar{L}_{T_i}^{A,B}]$ 时，我

---

① 再次强调，每个时期的实际未付名义值是一个在 $[T_{i-1}, T_i]$ 间的日平均值，但为了简化，我们用 $1 - \bar{L}_{T_i}^{A,B}$ 替代在 T_i 时层级未付名义值的价值。

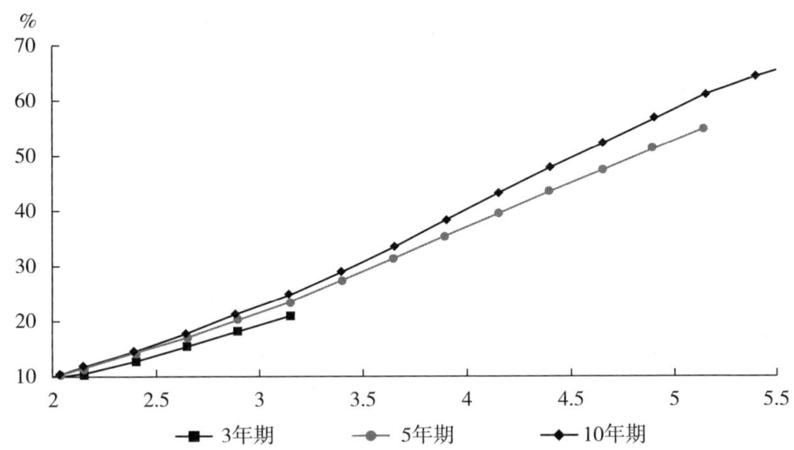

图 5.1 由基础相关性产生的预期权益层级（0～3%）损失，单因子同质有限池高斯 Copula，校准 2006 年 4 月 26 日 3 年期、5 年期、10 年期 0～3% CDX 层级

们会根据层级期限使用三个不同的数字，尽管基础信用参考实体的资产池是相同的。

下面，我们将看到线性加入层级 NPV 计算式的基本量的非参数无模型估计的细节，即期限和起点一致的预期层级损失 $\mathbb{E}_0[\bar{L}_{T_i}^{A,B}]$。

5.1 指数和层级 NPV 作为 ETL 的函数

假设我们已知一组跨越整个资本结构层级的市场价差。特别地，假设我们有一组起点为 A_j 终点为 B_j 的 k 个层级的市场价差，其中 $j=1, \cdots, k$，$A_1=0$，$B_k=1$ 且对于 $i=1, \cdots, k-1$ 有 $A_{i+1}=B_i$。

我们考虑终点（3%、6%、9%、12%、22%）为标准化的 DJ - iTraxx 层级：除了超高级 22%～100%。[①]

我们的目标是对 5 年期层级（债券）和指数进行定价：总共 6 个市场报价。为了实现这一目标，我们将找寻 6 个未知的 5 年期 ETL，这些 ETL 将工具的 NPV 尽可能地设置为接近于零。

为了计算出层级和指数的 NPV，我们还需要到期时间 T_i 少于 5 年的所有付

① 在 Walker（2006）和 Torresetti 等（2006a）进行分析时，超高级才刚开始有一些流动性，因此在他们对预期权益层级损失表面的历史校准分析中没有考虑到它。事实上，在 2005 年底前，超级优先级层级的流动性相当有限。

款日期的 ETL：这些数据将通过在初始时间 0（根据定义，ETL 将为零）[①] 和正在寻找的 6 个 5 年未知 ETL（3%、6%、9%、12%、22% 和 100%）之间对每个层级进行插值而获得。因此，在实现优化的迭代中，一旦我们为未知的 5 年期 ETL 设定了一个可能的值，通过插值，我们也为所用的 5 年期以内的 ETL 设置了一个与被选择迭代的 5 年期一致的值。

一旦找到了与 5 年期数据匹配的 5 年期节点 ETL，要为 10 年期层级和指数进行定价，我们还需要 5～10 年期的 ETL。如前所述，对于每个层级的定价，将通过 5 年期的预期层级损失和 10 年期六个未知 ETL 之间的插值得到。

我们称 $f(t,h,k)$ 为在时间为 t 时，起点为 h、终点为 k 的层级的 ETL。为了简化符号，我们通常只通过终点 k 来确定 CDO 的资本结构中层级的优先级，写为 $f(t,h,k)=f(t,k)$，当 h 确定时

$$f(t,A,B)=\mathbb{E}_0[\bar{L}_t^{A,B}]$$

通过假设利率和违约次数是独立的，并在层级支付日，对式（2.4）中价差和违约费的 NPV 进行离散积分，我们得到

$$S_{T_b}^{A,B}=\frac{\sum_{i=1}^{b}D(0,t_i)(f(T_i,A,B)-f(T_{i-1},A,B))}{\sum_{i=1}^{b}\delta_i D(0,T_i)(1-f(T_i,A,B))}$$

$$t_i=\frac{T_{i-1}+T_i}{2} \tag{5.1}$$

接着，由于层级是相邻的，预期的投资组合损失是 ETL 乘以层级深度（终点减去起点）的总和，即

$$f(t,0,100\%)=\sum_{i=1}^{b}\mathbb{E}[\bar{L}_t^{A_i,B_i}](B_i-A_i)=\mathbb{E}[\bar{L}_t] \tag{5.2}$$

一旦预期投资组合的损失 $\mathbb{E}[\bar{L}_t]$ 和回收率 R 给定，我们就可以计算预期投资组合的违约率为 $\mathbb{E}[\bar{L}_t]/(1-R)=f(t,0,100\%)/(1-R)$，因此指数价差表示为：

$$S_{T_b}^{0,100\%}=\frac{\sum_{i=1}^{b}D(0,t_i)(f(T_i,100\%)-f(T_{i-1},0,100\%))}{\sum_{i=1}^{b}\delta_i D(0,T_i)(1-f(T_i,0,100\%)/(1-R))} \tag{5.3}$$

我们将试图根据未知的 $f(t,A,B)$ 来校准 3 年期、5 年期、7 年期和 10 年期层级和指数，下面进行具体说明。

---

① 如果基础信用参考实体池已经遭受损失，那么将推出新版指数。在新版本中，该指数和层级中的现有头寸通常会迅速滚动。新滚动版本的各层级将调整后的标准化起点和终点视为次级损失和资产池未清余额减少的反映。

	0 ~3%	3% ~6%	6% ~9%	9% ~12%	12% ~22%	22% ~100%
$t=0$	0	0	0	0	0	0
…						
$t=3$	f(3 年期,3%)	f(3 年期,6%)	…			f(3 年期,100%)
…						
$t=5$	f(5 年期,3%)	f(5 年期,6%)	…			f(5 年期,100%)
…						
$t=7$	f(7 年期,3%)	f(7 年期,6%)	…			f(7 年期,100%)
…						
$t=10$	f(10 年期,3%)	f(10 年期,6%)	…			f(10 年期,100%)

$4\times10\times6=240$ 个 f（每个层级和每个季度的付款日）的集合是通过插入 $4\times6=24$ 个基本节点 $f(t,k)'s$（期限和终点）得到的。在保持以下约束的情况下，它们将被用来设置工具的 NPV 尽可能接近零。

$$\underset{\{f(3yr,3\%),\cdots,f(10yr,100\%)\}}{\operatorname{argmin}} \sum_{T}\sum_{A,B} \mathrm{MISPRSTDZ}_{T,A,B}^{2} \tag{5.4}$$

条件为

$$\begin{cases} 0 \leqslant f(t,k) \leqslant 1 \\ f(t_i,k) \geqslant f(t_{i-1},k) \\ f(t,k_{j-1}) \geqslant f(t,k_j) \end{cases} \tag{5.5}$$

其中

$$\mathrm{MISPRSTDZ}_{T,A,B} = \frac{S_{T_b}^{A,B} - S_{T_b}^{A,B,\mathrm{mid}}}{(S_{T_b}^{A,B,\mathrm{ask}} - S_{T_b}^{A,B,\mathrm{bid}})/2} \tag{5.6}$$

并且，目标函数①中的双重总和涉及所有期限（3 年、5 年、7 年和 10 年）以及所有可用工具、层级加上指数（后者由 0 的起点和 100% 的终点确定）。

$(A,B)\in\{(0,3\%),(3\%,6\%),(6\%,9\%),(9\%,12\%),(12\%,22\%),(0,100\%)\}$

注意 ETLs$f(t,k)$ 分别通过式（5.1）和式（5.3）进入层级和指数 $S_{T_b}^{A,B}$ 的标准化定价误差方程（5.6）。

在图 5.2 中，我们绘制了一系列日期的 ETL$f(t,k)$，我们注意到表面不是特别平滑。为了对具有非标准化起点 A 和终点 B 的同一信用参考实体池的层级进

① 我们要最小化的目标函数将是式（5.6）中标准化错误定价的平方和。指数标准化错误定价将乘以 2，以便于对指数进行更接近的重新定价。如果使用平方错误定价的总和将解决其中一些工具的定价在买卖价差之外（$|M_{ISPR}\ S_{TDZT,A,B}|>1$）的问题，接着我们将尝试最小化式（5.6）中指数为4、6 和8 时的标准化错误定价的偶数幂的总和。对于定价在买卖价差之外的工具的持久性，我们采用最大绝对标准化错误定价最小的解决方案。

行定价，我们需要获得预期权益层级的损失 $g(T,B)=Bf(T,0,B)$ 和 $g(T,A)=Af(T,0,A)$。

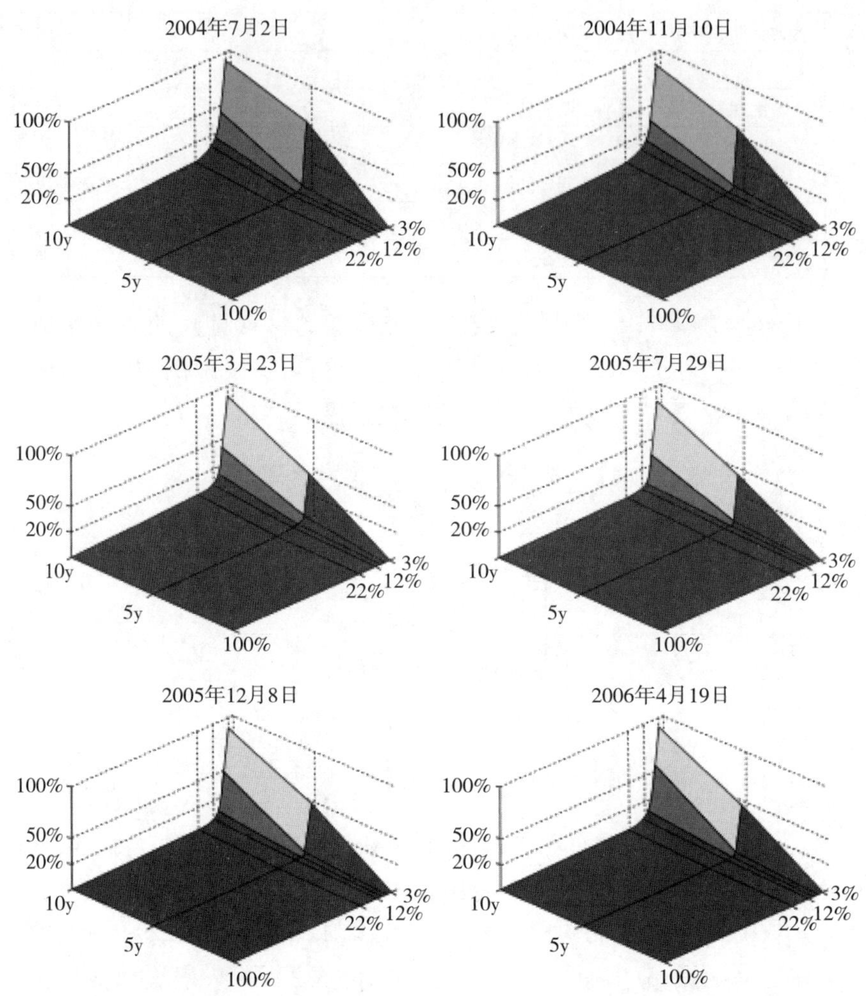

图 5.2 ETL 按 5 年期和 10 年期 Dj－iTraxx 层级加指数进行校准

式（5.4）中关于 ETL，$f(t,k)$ 的优化问题可以用更平滑的权益层级损失（EETL）面表示，即 $g(T,B)=Bf(T,0,B)$。

$$g(t,B)=\mathbb{E}[\bar{L}_t^{0,B}=\mathbb{E}[\min(\bar{L}_t,B)] \tag{5.7}$$

因此，现在的问题是寻找将 12 种市场工具的 NPV 设置为 0 的未知 EETLs，包括 5 年期和 10 年期指数和 5 个层级。在这种方法中，各层级是相邻的，因此，在给定条件下，我们总是可以从 EETL 中找出为各层级定价所需的 ETL。

$$f(t,A,B) = \frac{B\,\mathbb{E}[\min(\bar{L}_t,B)] - A\,\mathbb{E}[\min(\bar{L}_t,A)]}{B-A}$$
$$= \frac{g(t,B)-g(t,A)}{B-A} \tag{5.8}$$

我们注意到 $g(t,1) = \mathbb{E}[\bar{L}_t]$。$f(T,A,B)$ 表示预期层级损失取值在 0 到 1 之间取值，$g(T,B)$ 在 0 和资产池损失的期望值 $\mathbb{E}[\bar{L}_t]$ 之间取值。

式（5.4）中校准的约束条件式（5.5）将以 $g(T,k)$ 的形式重述如下：

$$\begin{cases} 0 \leqslant g(t,k) \leqslant 1 \\ g(t_i,k) \geqslant g(t_{i-1},k) \\ g(t,k_{j-1}) \leqslant g(t,k_j) \\ g(t,k_{j+1}) \leqslant g(t,k_j) + (k_{j+1}-k_j)\dfrac{g(t,k_j)-g(t,k_{j-1})}{k_j-k_{j-1}} \end{cases} \tag{5.9}$$

第一个和第二个约束规定了这一点，因为资产池损失被限制在［0，1］并且是非递减的，那么 EETL 也必须相同。第三个约束条件要求，通过增加（5.7）式中的上限 B，与终点相关的期望值一定是非递减的。第四个约束条件简单等价于要求 ETL$f(T,h,k)$ 是关于 k 递减的，见式（5.8）。因此 $f(t,k)$ 必须是递减的约束等价于要求 $g(t,k)$ 必须是关于 k 的凸函数。反过来，这就等价于要求 $g(t,k)$ 对 k 的导数是递减的［或者 $g(t,k)$ 的二阶导数是非正的］。

$$f(t,k_{j-2},k_{j-1}) - f(t,k_{j-1},k_j) = \frac{k_{j-1}f(t,0,k_{j-1}) - k_{j-2}f(t,0,k_{j-2})}{k_{j-1}-k_{j-2}}$$
$$- \frac{k_jf(t,0,k_j) - k_{j-1}f(t,0,k_{j-1})}{k_j-k_{j-1}} \geqslant 0$$
$$\Rightarrow \frac{g(t,k_{j-1})-g(t,k_{j-2})}{k_{j-1}-k_{j-2}} \geqslant \frac{g(t,k_j)-g(t,k_{j-1})}{k_j-k_{j-1}}$$

因此

$$f(t,k_{j-2},k_{j-1}) - f(t,k_{j-1},k_j) \geqslant 0 \Rightarrow \frac{g(t,k_j)-g(t,k_{j-1})}{k_j-k_{j-1}} \leqslant 0$$

因此，要求 ETL$f(t,k)$ 关于 k 递减时，即，当我们向更广泛的终点移动资本结构时，等价于要求 EETL$g(t,k)$ 关于 k 的导数是递减的。这就等于要求 EETL 是关于 k 的凸函数。这一点可以通过 Breeden 和 Litzenberger（1978）更严密的论证得到，通过对 EETL 关于终点进行两次微分。这导致了一个与在终点计算得的损失分布的风险中性密度成反比的数量，这个数量显然是非正的。

将图 5.2 和图 5.3 对比发现，与 ETL 相比 EETL 的图形更加平滑。在对定制的起点和终点或者对前面启动的层级定价时，ETL 具有实际的优势。

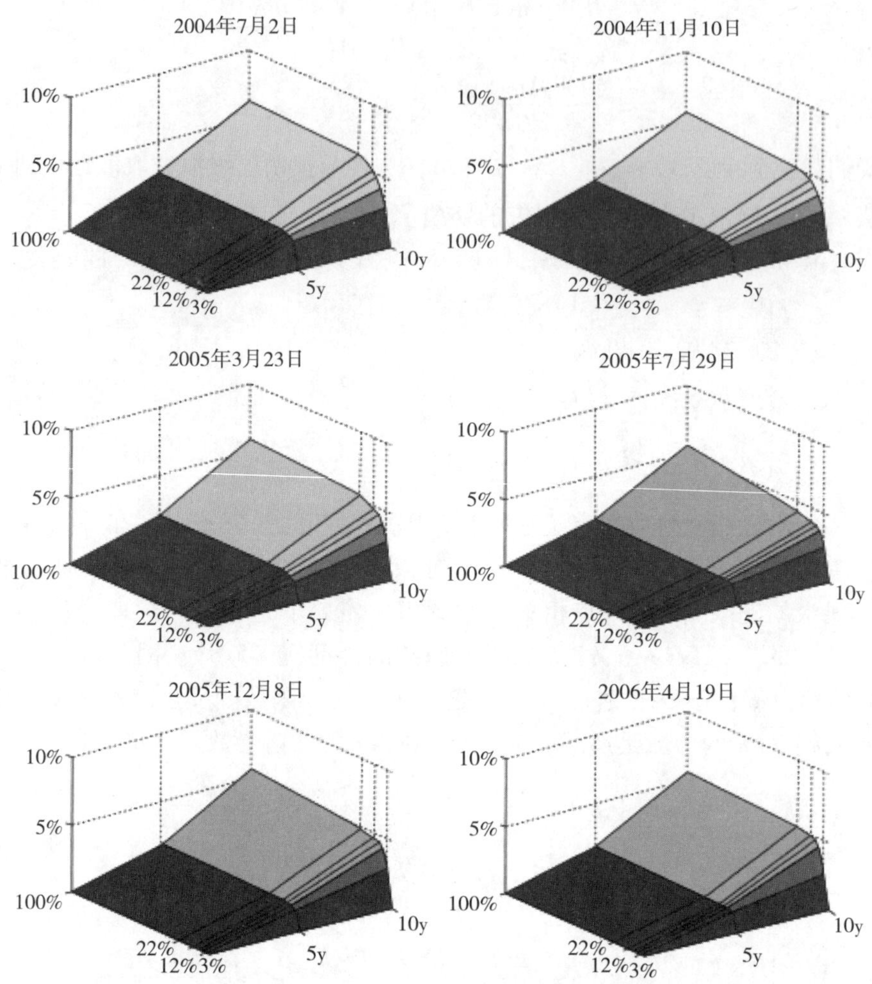

图 5.3 EETL 按 5 年期和 10 年期 DJ – iTraxx 层级加指数进行校准

5.2 数值结果

CDX 危机前的样本为 2003 年 11 月 13 日至 2006 年 6 月 14 日，DJ – iTraxx 危机前的样本为 2004 年 6 月 21 日至 2006 年 5 月 23 日。我们注意到，在表 5.1 中，除了具有线性插值的 DJ – iTraxx 资产池之外，在所有其他情况下，我们都找到了理论价差超过买卖价差不到买卖范围的五分之一（0.4/2）的解。就 DJ – iTraxx 线性插值池而言，我们发现只有一个日期，所有工具都不能在买卖范围内定价：在这种情况下，理论价差超出买卖价差不到三分之一（0.6/2）。

表 5.1 超出买卖区间进行重新定价的样本百分比

插值： 日期数值：	CDX		DJ－iTraxx	
	线性	样条	线性	样条
	616	616	473	473
% $\text{MISPR}_{\text{Bid-Ask}} > 1$	1.0%	2.6%	0.2%	1.3%
% $\text{MISPR}_{\text{Bid-Ask}} > 1.2$	0.8%	0.2%	0.2%	0.2%
% $\text{MISPR}_{\text{Bid-Ask}} > 1.4$	0.0%	0.0%	0.2%	0.0%
% $\text{MISPR}_{\text{Bid-Ask}} > 1.6$	0.0%	0.0%	0.0%	0.0%

注：CDX 样本数据为 2003 年 11 月 13 日至 2006 年 6 月 14 日，而 DJ－iTraxx 样本数据为 2004 年 6 月 21 日至 2006 年 5 月 23 日。

正如 Torresetti 等（2006a）所指出的，因为超高级层级在样本结束时的流动性仅够用于我们危机前的分析，所以我们并没有在危机前的校准中考虑超高级层级。

在所有的情况中，我们发现只有少数的日期，不能在每个层级加指数的买卖价差范围内对 EETL 的表明进行校准。在市场工具无法准确定价的少数几个日期里，标准化的定价误差是极其微小的：DJ－iTraxx 通过线性插值得到了最高的定价误差：定价误差仅为买卖价差的 0.3：0.3＝（1.6－1）/2。

5.3 预期层级损失（股本块）的总结

Torresetti 等（2006a）首先阐述了这种方法，它与 Walker（2006）的早期工作以及 Livesey 和 Schlögl（2006）关于预期层级损失无套利特性的正式分析有关。

跨期限和层级起点的 ETL 曲面概念，是与隐含依赖性的模型独立性概念尽可能相似的，因为它关注的是在市场报价中最为直接的市场对象之一。

与其基于联结不同主体违约并导致跨期不一致性的高斯 Copula 的任意假设进行隐含关联，不如直接考虑输入定价公式的数量，并在最小插值假设下从市场报价中获得隐含数据。为了确保插值不会导致过度干扰，我们通过两种不同的插值技术（线性插值和样条插值）进行了校准。

在我们框架中将金融工具的买卖价差加入目标函数，为了暗示表面我们的目标是最小化，而在 Walker（2006）的框架中金融工具的 NPV 必须刚好为零。通过包含买卖价差，无套利约束在绝大多数日期都能得到满足——特别是与 Walker（2006）相比，违反无套利条件的情况更少。

在允许人们检查市场报价的基本无套利约束时，该方法作为第一个模型独立的程序，在从市场数据中推导隐含预期损失曲面的方法似乎很有帮助。

虽然要避免过度推测，但是它在对非标准化起点和期限以及前面启动层级的估值中可以直接使用。

最后，我们提出一些后来出现的更进一步的参考文献，以应对这个技术的发展：Parcell 和 Wood（2007）仔细考虑不同种类插值的影响，而 Garcia 和 Goossens（2007）比较了高斯 Copula 和 Lévy 模型之间的 EETL。

6 完全一致的动态模型：广义泊松损失模型

广义泊松损失模型（GPL）可以表示如下：假设一个概率空间，它支持 n 个独立的泊松过程 $N_1,\cdots,N_n$，且在风险中性测度 Q 下，泊松过程强度 $\lambda_1,\cdots,\lambda_n$ 随时间变化，可能是随机的。以 t 时间内的市场信息及资产池损失演化为条件的风险中性期望用 E_t 表示。如果强度是随机的，则假设强度也适用这样的信息。

定义随机过程

$$Z_t := \sum_{j=1}^{n} \alpha_j N_j(t) \tag{6.1}$$

其中，$\alpha_1,\cdots,\alpha_n$ 是正整数。在下文中，我们将 Z_t 过程简称为 GPL 过程。我们把这一过程作为累积资产组合损失 $\bar{L}_t$ 的驱动过程，即我们收益的相关量。Brigo 等（2006a、2006b）证明了把 GPL 过程作为违约计数过程 C_t 的驱动工具的可能性。

Z_t 过程的特征函数为

$$\varphi Z_t(u) = \mathbb{E}_0[e^{iuZ_t}] = \mathbb{E}_0[e^{iuZ_t} \mid \Lambda_1(t)\cdots\Lambda_n(t)]$$

其中，$\Lambda_j(t) := \int_0^t \lambda_j(s)\mathrm{d}s$（$i = 1,\cdots,n$），是每个泊松过程的累积强度。现在，我们替代 Z_t，可以写为

$$\varphi Z_t(u) = \mathbb{E}_0\left[\prod_{j=1}^{n} \mathbb{E}_0[\mathrm{e}^{iu\alpha_j N_j(t)} \mid \Lambda_1(t)\cdots\Lambda_n(t)]\right]$$

$$= \mathbb{E}_0\left[\prod_{j=1}^{n} \varphi N_{j(t) \mid \Lambda_j(t)}(u\alpha_j)\right]$$

给定每个泊松过程的强度，它是可以直接计算的，因为每个泊松过程的特征函数 $\varphi N_j(t) \mid \Lambda_j(t)$ 在封闭形式下是已知的，从而可以得到

$$\varphi Z_t(u) = \mathbb{E}_0\left[\exp\left(\sum_{j=1}^{n} \Lambda_j(t)\mathrm{e}^{iu\alpha_j} - 1\right)\right] \tag{6.2}$$

通过对泊松过程的特征函数作逆傅立叶变换，可以直接计算出过程 Z_t 的边际分

布 p_{Z_t}。对于某些泊松累积强度分布的相关选择，可以准确计算出特征函数 $\varphi_{Z_t}(u)$［例如，见 Brigo 等（2006a、2006b）］。

6.1 动态损失

在给定次数足够多的情况下，基本的 GPL 过程 Z_t 是非递减的，并且能够取任意大的值。资产组合的累积损失和违约过程的重新调整也是非递减的，但限于区间［0，1］。因此，我们考虑确定性非递减函数 $\Psi:\mathbb{N}\cup\{0\}\rightarrow[0,1]$，定义累积资产组合损失过程 L_t 为

$$L_t := \Psi_L(Z_t) := \min(Z_t, M'),\ \text{and}\ \bar{L}_t := \frac{L_t}{M'} \tag{6.3}$$

其中，$1/M'$ 为损失过程的最小变化幅度，且 $M' \geqslant M > 0$。

备注 6.1.1 请注意，由于结构问题，损失限制在区间［0，1］内，但仍然有损失超过 M 的可能性（M 是资产组合中名称的数量）。这在我们所有的例子中都会发生，如果发生的话，我们可以在这时检查这类事件发生的概率。

累积资产组合损失过程 L_t 的边际分布可以很容易计算出来。我们可以得到

$$L_t = \min(Z_t, M') = Z_t 1_{\{Z_t < M'\}} + M' 1_{\{Z_t \geqslant M'\}}$$

由于 Z_t 的分布是已知的，因此很容易推导出 L_t 的分布。因为分布是离散的，所以相关密度被定义整数值，为

$$p_{L_t}(x) = p_{Z_t}(x) 1_{\{x < M'\}} + \mathbb{Q}\{Z_t \geqslant M'\} 1_{\{x = M'\}}$$

接下来 L_t 的密度能直接推导出。此外，L_t 的强度，即 L_t 的绝对连续补偿因子的密度（如参见 Giesecke 和 Goldberg，2005）可以直接计算出，并且由下式给出［详见 Brigo 等（2006a、2006b）］。

$$h_L(t) = \sum_{j=1}^{n} \min(\alpha_j, (M' - Z_{t^-})^+) \lambda_j(t) \tag{6.4}$$

不出所料，当 Z 超过与总损失相对应的 M' 时，强度 h 将变为 0。此外，如果允许所有可能的整数变化范围在 1 到 M'，即如果 $\alpha_j = j$ 且 $n = M'$，那么当累积资产组合损失过程 L 无论怎么跳跃变化，强度 h_L 也会跳跃变化。强度往小跳跃变化通常被认为是损失模型的理想特征，但这似乎与自激性（Self - excitedness）相反。然而，与大多数损失模型方法不同的是，我们的模型嵌入了自激性特征，并且它们嵌入了小区间内出现几个违约的可能性。例如，我们只考虑两个主体：与其考虑一个主体的损失增加了另一个主体违约（强度）的可能性，不如我们让两个主体同时违约。虽然这是一种极端的方式，但嵌入了自激性。最后，为了

观察主体彼此间的影响，基于一般泊松冲击框架需要一个更成熟的公式，得出 GPCL 模型［Brigo（2007）对此模型进行了分析］。

6.2　模型缺陷

我们目前介绍的 GPL 模型可以看作市场隐含动态损失分布的一个特别简单的参数化。其一个好的特征是损失只会正向跳跃而变化，这可能出现在任何合理的损失模型中。此外，如我们在下一节所看到的，这一选择使我们能够很好地校准市场数据。然而，我们没有对两个重要的问题作出明确的假设。其一，我们还没有讨论使我们的模型与单一名称动态保持一致的可能方法；其二，我们还没有解释如何选择一个特征完整的资产池价差和动态回收率：一种可能是使由 Z 驱动的泊松过程中的强度随机化，并考虑从 Z 的更一般的变换中获得损失过程。

由于在这本书中我们关注的是仅依赖损失边际分布的 CDO 层级的校准，所以我们避免了讨论此类问题，并将读者引向 Brigo 等（2006a、2006b）对候选价差和动态回收率进行的广泛研究，以及 Brigo 等（2007）的进一步讨论，包括对单一主体数据的一致性的讨论。我们指出，只有当层级期权和远期起始层级的市场报价更具流动性时，才能在损失建模方面进行测试及取得重大进展。

6.3　模型校准

我们使用式（6.1）中驱动 GPL 过程 Z 提供的基本 GPL 模型规范，在式（6.3）中对资产池损失建模。在这个基本公式中，每个泊松模型 N_j 具有确定的分段恒定强度 $\lambda_j(t)$。

鉴于我们已经直接对资产池损失 $\bar{L}_t$ 建模，而我们仅给出它的期望，并没有完全描述重新调整的违约计数过程 $\bar{C}_t$。事实上，这个期望是隐含于指数市场报价式（2.1）中违约计数的唯一信息，然而层级报价式（2.4）只取决于损失，而不依赖于违约计数。因此我们假设

$$\mathbb{E}_0[\bar{C}_t] := \frac{1}{1-R}\mathbb{E}_0[\bar{L}_t] \text{ with } 0 \leqslant R < 1 - \mathbb{E}_0[\bar{L}_{T_b}] \tag{6.5}$$

其中，确定常数 R 的定义范围是为了确保在每个时间 t，重新调整的违约次数的期望值大于或等于累积资产组合损失，并且使二者均小于或等于 1。值得注意的是，我们不希望为回收率引入一个准确动态［参见 Brigo 等（2006a、2006b 和

2007）对动态回收率的初步讨论]。我们这里的 R 可以被解释为一种平均回收率。

6.4 详细校准过程

通过校准过程找到的模型参数是振幅 $\alpha_j \in \{m \in \mathbb{E}: m \leqslant M'\}(j = 1,\cdots,n)$，及累积强度 $\Lambda_j(T)$，它们是在层级到期日内实数非递减分段线性函数。

振幅 α 的最优值通过以下方式选出：

1. 通过选取整数 $M' \geqslant M > 0$，将最小跳跃变化固定为 $1/M'$。

2. 通过校准区间 $[1,M']$ 内 α_1 的每个值的累积强度 Λ_1，找出 α_1 的最佳整数值，而其他所有模式均设置为0。

3. 对于区间 $[1,M']$ 内 α_2 的每个值，从把 Λ_1 已知的值作为一个估计开始，通过校准累积强度 Λ_1 及 Λ_2，将 α_2 相加并找到其最佳整数值。

4. 从把已经得到的 $\Lambda_1,\cdots,\Lambda_{i-1}$ 作为最初估计开始，通过校准累积强度 $\Lambda_1,\cdots,\Lambda_i$，对 α_i 重复前面的步骤，其中 $i = 3$，依此类推，直到校准误差低于给定的阈值，或者直到强度 Λ_i 可以被忽略。

5. 事后检验超过 M 的跳跃变化概率是否可忽略，并且事后检验 $\mathcal{R}$ 的值是否在式（6.5）中给出的无套利范围内。

校准中要最小化的目标函数 f 是模型中由市场买卖价差加权得到的层级和指数市场报价的误差平方和：

$$f(\alpha,\Lambda) = \sum_i \epsilon_i^2,\ \epsilon_i = \frac{x_i(\alpha,\Lambda) - x_i^{\text{Mid}}}{x_i^{\text{Bid}} - x_i^{\text{Ask}}} \tag{6.6}$$

其中，i 为运行市场报价集合，x_i 是 DJ－iTraxx 指数报价的指数值 S_0，以及 DJ－iTraxx 层级报价的指数定期保费 $S_0^{A,B}$ 或预付保费 $U^{A,B}$。

6.5 校准结果

基于2005年5月6日至10月18日每周可观察的市场行情对 GPL 模型进行校准。根据 Albanese 等（2006），我们取 $\mathcal{R}=30\%$ 作为 DJ－iTraxx 欧洲市场现货和远期合约回收率的参考值。如果我们取 $\mathcal{R}=40\%$，这类似于市场上简化报价机制中通常使用的回收率，则我们下面的校准质量将不会改变［参见 Brigo 等（2006a、2006b 和 2007）的一些例子］。我们从 $M' = 200$ 开始，对应的最小损失跳跃变化为50个基点。

表 6.1 DJ－iTraxx 指数和层级在 2005 年 5 月 13 日以基点为单位的报价和买卖价差。指数和层级通过定期保费报价，而权益层级是作为预付保费报价（有关市场报价协约，请参阅第 2 章）

分类	起点一终点	期限			
		3 年期	5 年期	7 年期	10 年期
指数		38（4）	54（1）	65（3）	77（2）
层级	0～3%	2060（100）	4262（118）	5421（384）	6489（124）
	3%～6%	72（10）	173（68）	398（40）	590（20）
	6%～9%	28（6）	57（6）	141（17）	188（15）
	9%～12%	13（2）	31（5）	72（20）	87（15）
	12%～22%	3（1）	21（3）	42（13）	60（10）

作为第一个例子，校准日期为 2005 年 5 月 13 日（见表 6.1）。在表 6.2 中我们列出了校准结果和校准参数值。校准误差 ϵ 在所有到期日都很低。值得注意的是，校准误差小于 1 意味着市场报价和模型价格之间的差异小于买卖价差。

表 6.2 左侧：对于 2005 年 5 月 13 日的层级报价，校准误差 ϵ 见式（6.6）（根据买卖价差计算）。右侧：$M'=200$ 的 GPL 模型的累积强度累积至层级到期日。每行对应一个跳跃幅度为 α 的不同泊松分量。回收率：30%

分类	起点一终点	期限				α	$\Lambda(T)$			
		3 年期	5 年期	7 年期	10 年期		3 年期	5 年期	7 年期	10 年期
指数		0.0	－0.1	0.3	0.0	1	1.955	3.726	4.464	7.694
						3	0.000	0.062	0.305	0.305
层级	0～3%	0.0	0.1	0.2	－0.2	8	0.016	0.033	0.109	0.109
	3%～6%	0.0	0.0	－0.2	0.0	12	0.004	0.013	0.026	0.026
	6%～9%	0.0	0.0	－0.3	0.1	19	0.006	0.006	0.017	0.017
	9%～12%	－0.1	0.1	－0.1	0.4	72	0.000	0.009	0.026	0.049
	12%～22%	0.0	0.0	－0.2	－0.3	185	0.000	0.002	0.002	0.008

作为第二个例子，校准日期为 2005 年 10 月 11 日（见表 6.3）。我们在表 6.4 中列出了校准结果和校准参数值。校准误差表明，10 年期的权益层级定价不正确。我们在许多校准实例中都发现了这种定价误差，特别是在 2005 年 10 月之后。

表 6.3　2005 年 10 月 11 日，参数与表 6.1 相同

分类	起点—终点	期限			
		3 年期	5 年期	7 年期	10 年期
指数		23（2）	38（1）	47（1）	58（1）
层级	0～3%	762（26）	3137（26）	4862（76）	5862（74）
	3%～6%	20（10）	95（1）	200（3）	515（10）
	6%～9%	7（6）	28（1）	43（2）	100（4）
	9%～12%		12（2）	27（4）	54（5）
	12%～22%		7（1）	13（2）	23（3）

表 6.4　2005 年 10 月 11 日，参数与表 6.2 相同（3 年期到期日报价缺少两个层级）

分类	起点—终点	期限				α	(ΛT)			
		3 年期	5 年期	7 年期	10 年期		3 年期	5 年期	7 年期	10 年期
指数		0.0	0.0	0.1	0.1	1	0.441	2.498	4.466	7.555
						2	0.435	0.435	0.435	0.671
层级	0～3%	-0.1	0.1	-1.2	2.1	11	0.004	0.023	0.023	0.023
	3%～6%	-0.1	-0.1	0.3	-1.0	22	0.000	0.001	0.006	0.030
	6%～9%	0.0	-0.1	0.3	0.9	29	0.000	0.000	0.001	0.001
	9%～12%		0.4	-0.8	-0.8	32	0.001	0.004	0.004	0.004
	12%～22%		0.0	0.0	0.0	192	0.000	0.001	0.005	0.011

然后，我们尝试将最小损失跳跃变化设为 $1/M'$，除了 50 个基点外，2 个基点和 10 个基点分别对应 M' 等于 5000 和 1000。表 6.5 表明，10 年期的层级（我们实证中最难校准的部分）在三种不同的损失值下是稳定的，因为低于 50 个基点并不能给模型增加太多灵活性。进一步的测试证实了这一点，尤其是 $M' = 1000$ 和 $M' = 5000$ 校准之间的差异总是很小的。此外，对于 M' 的三种不同的选择，平均校准误差（即跨时间和报价的 ϵ_i 的绝对平均值）的变化非常相似，并且都在 1 以内。

表 6.5　2005 年 10 月 11 日对不同最小损失值 $1/M'$ 的 10 年期层级的买卖差价的 GPL 校准误差。回收率：30%

分类	起点—终点	50 个基点	10 个基点	2 个基点
层级	0～3%	2.1	1.8	1.8
10 年期	3%～6%	-1.0	-1.0	-1.0
	6%～9%	0.9	0.9	0.9
	9%～12%	-0.8	-0.9	-0.8
	12%～22%	0.0	0.2	0.0

我们还注意到，随着最小跳跃变化的减小（“粒度”增大），由于存在小振幅，损失分布变得更加嘈杂。此外，当最小跳跃变化仅为几个基点时，这可能违反损失过程跳跃变化小于 M 次的要求（见备注 6.1.1）。我们也尝试用小于 200 的 M 进行校准，即最小损失跳跃变化大于 50 个基点。在这种情况下，校准误差迅速增大。事实上，在这种情况下，最小跳跃变化变得比一个名称违约时给出的通常资产组合损失更大。因此 50 个基点似乎是一个合理的参考值。

同时，泊松振幅的值在校准日期内相当稳定。事实上，在 6 个月的时间里，我们最多观察到它们的值发生了 4 次变化，如表 6.6 所示。

表 6.6　对于不同的最小损失跳跃变化 $1/M'$，泊松振幅 α/M' 的值。仅将校准日期为 2005 年 5 月 6 日至 10 月 18 日之间的 α/M' 值变化的列出

50 个基点	泊松振幅						
日期	1	2	3	4	5	6	7
2005 年 5 月 6 日	0.50%	1.50%	4.00%	6.00%	9.50%	39.50%	92.50%
2005 年 9 月 2 日	0.50%	1.00%	4.00%	5.50%	12.50%	39.00%	100.00%
2005 年 10 月 11 日	0.50%	1.00%	5.50%	11.00%	14.50%	16.00%	96.00%
10 个基点	泊松振幅						
日期	1	2	3	4	5	6	7
2005 年 5 月 6 日	0.10%	1.50%	4.60%	5.90%	9.60%	39.60%	53.00%
2005 年 8 月 5 日	0.20%	1.10%	1.40%	8.10%	11.30%	49.00%	62.40%
2005 年 10 月 11 日	0.10%	0.70%	1.00%	6.30%	11.50%	14.50%	93.70%
2 个基点	泊松振幅						
日期	1	2	3	4	5	6	7
2005 年 5 月 6 日	0.02%	1.50%	5.26%	9.64%	17.58%	39.64%	99.78%
2005 年 8 月 12 日	0.38%	1.06%	1.14%	7.38%	12.24%	41.34%	99.80%
2005 年 10 月 3 日	0.02%	0.98%	1.16%	7.52%	9.74%	43.34%	65.16%
2005 年 10 月 11 日	0.16%	0.68%	1.00%	6.30%	10.98%	14.46%	94.90%

GPL 模型所隐含的损失分布是多峰的，并且随到期日的增加，概率质量向更大的损失值移动。这些特征在不同的方法中都存在。例如，静态模型，如 Tor-Resetti 等（2006c）研究中的隐含违约率分布，建议采用多峰损失分布，正如我

们在前面关于隐含 Copula 章节中所看到的那样。隐含损失分布的演变见图 6.1。

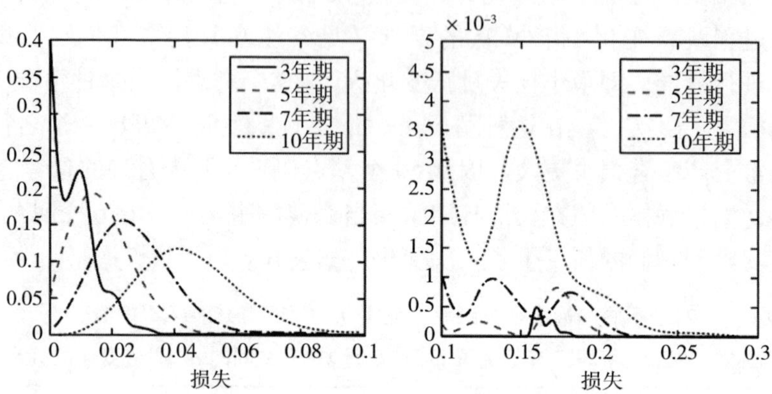

图 6.1 以连续线绘制的、所有报价到期日为 10 年期的、最小跳跃变化为 50 个基点的 GPL 模型的损失分布演化

Albanese 等（2006）的动态信用相关模型表明隐含损失分布其模式随着到期日的增加而趋于成组，使分布接近正态分布。GPL 模型再现了这一过程（例如，参见 Brigo 等，2006a、2006b）。

7　应用到更新数据和危机

本章将验证之前所讨论的隐含相关性的关键特征以及来自更高级模型的后续因素是否在2007年年中之后的危机中仍然存在。我们观察到，这些特征在危机开始后仍然存在，且往往在市场上被放大了。

7.1　危机中的复合相关性

我们首先扩展能进行复合相关性可逆性分析的样本，检验不可逆性是否在2007—2009年市场动荡期会再次出现（见图7.1至图7.4）。与以前一样，我们采用同质池组合模型。

图7.2和图7.4显示了，2007年夏季信贷紧缩开始以来，有问题的层级发生了怎样的变化。事实上，不可逆性受到了影响如下：

（1）DJ－iTraxx10年期12%～22%的层级（见图7.2）；

（2）CDX资产池10年期10%～15%的层级以及更边缘的10年期15%～30%的层级（见图7.4）。

除了复合相关性的不可逆性外，另一个相关的问题是它在可逆时的非唯一性。我们在图3.1中看到，在2005年8月3日，对于某些层级，相关性和理论层级价差之间的映射不是单调的。尤其是我们已经看到了这对DJ－iTraxx 10年期6%～9%和9%～12%的层级产生了怎样的结果。

尽管这两个层级的映射不是单调的，但在这个特定的日期，我们没有遇到具有多个复合相关性的问题，这就意味着有相同的理论价差。

在图7.5至图7.8中，我们观察是否可以将某一特定层级市场价差映射到一个以上的复合相关性中。我们画出了市场价差，并且用点突出显示市场价差能可逆为两种不同的复合相关性的日期。

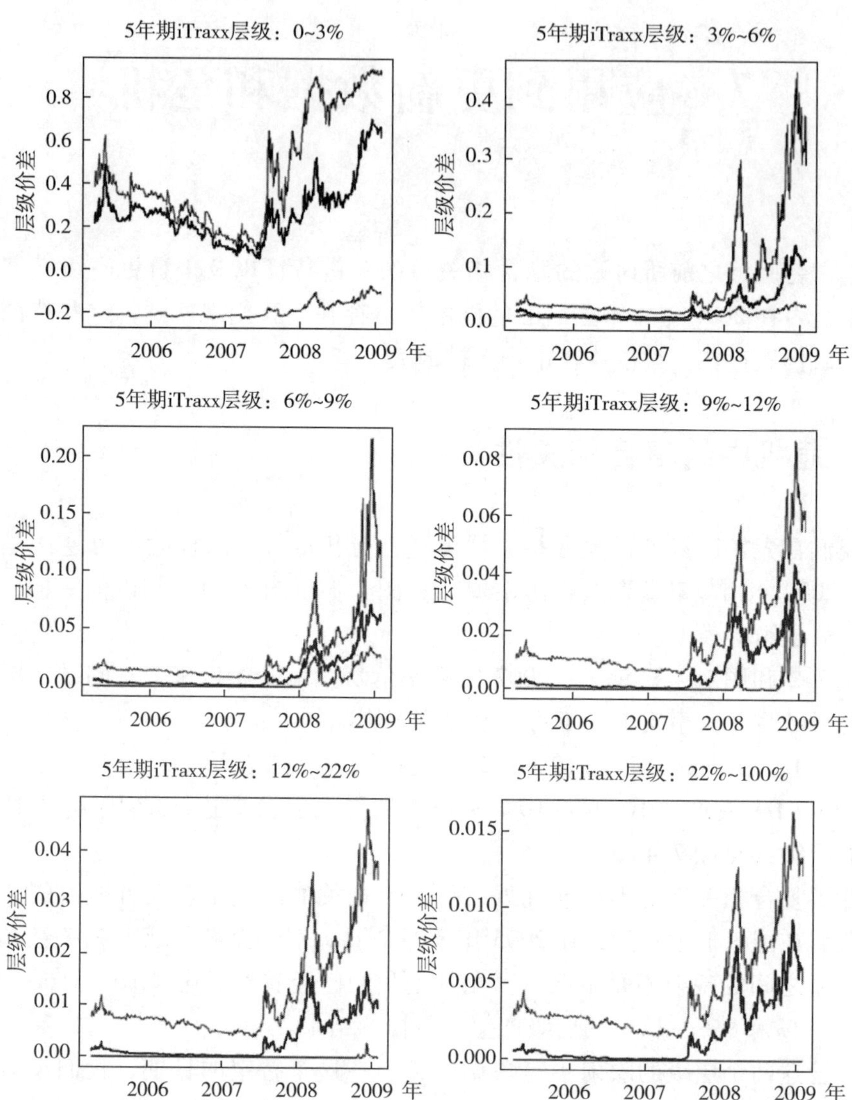

注：市场价差（黑线）与最小和最大层级价差之间的复合相关性（灰线）在 0 和 1 之间变化。点突出了日期和市场价差是不可逆（黑线位于两条灰线范围之外）。

图 7.1　DJ – iTraxx 5 年期可逆性复合相关性

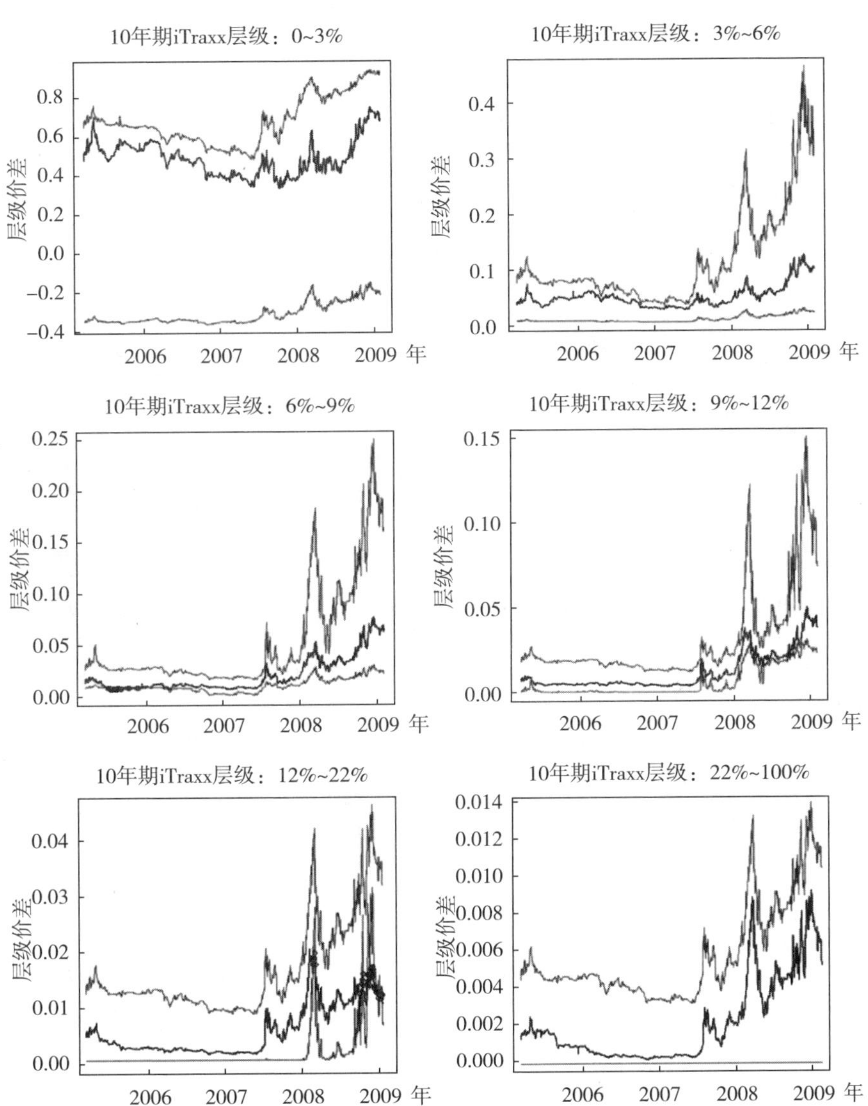

图 7.2 DJ - iTraxx 10 年期可逆性复合相关性，与图 7.1 相同

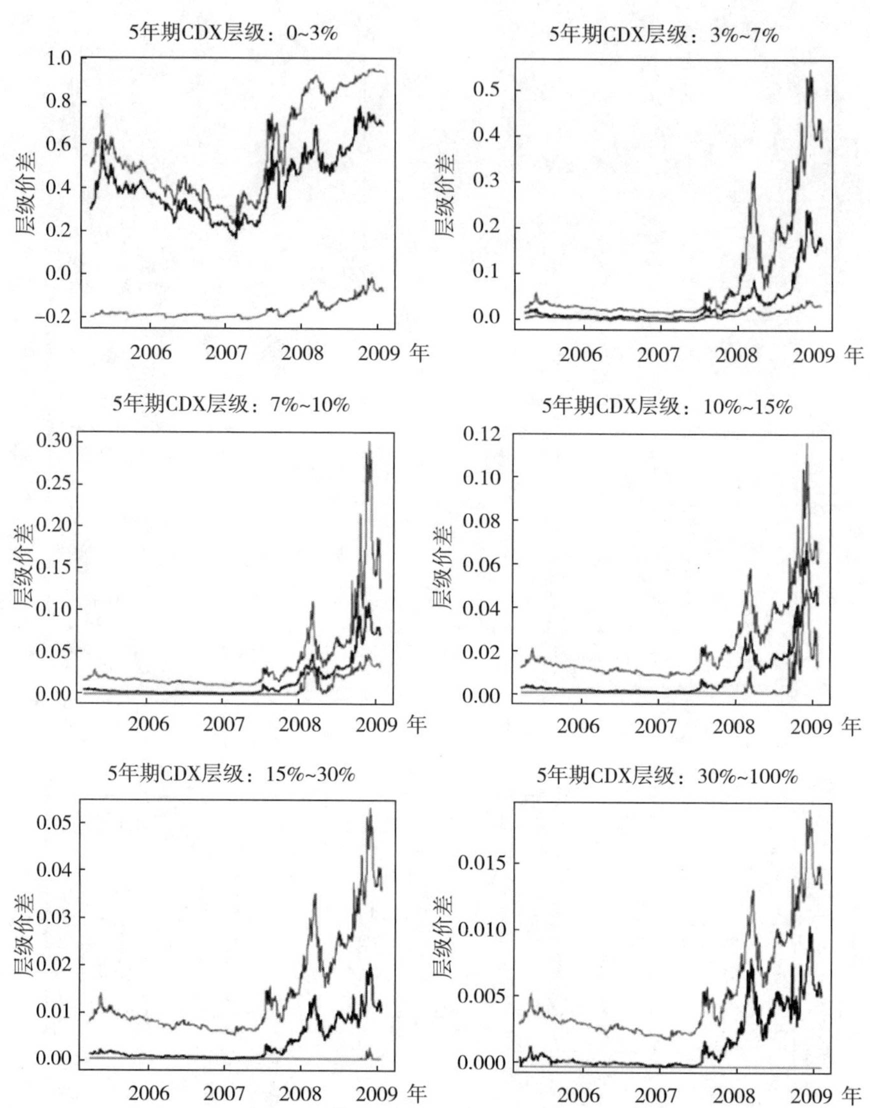

图 7.3　CDX 5 年期可逆性复合相关性，与图 7.1 相同

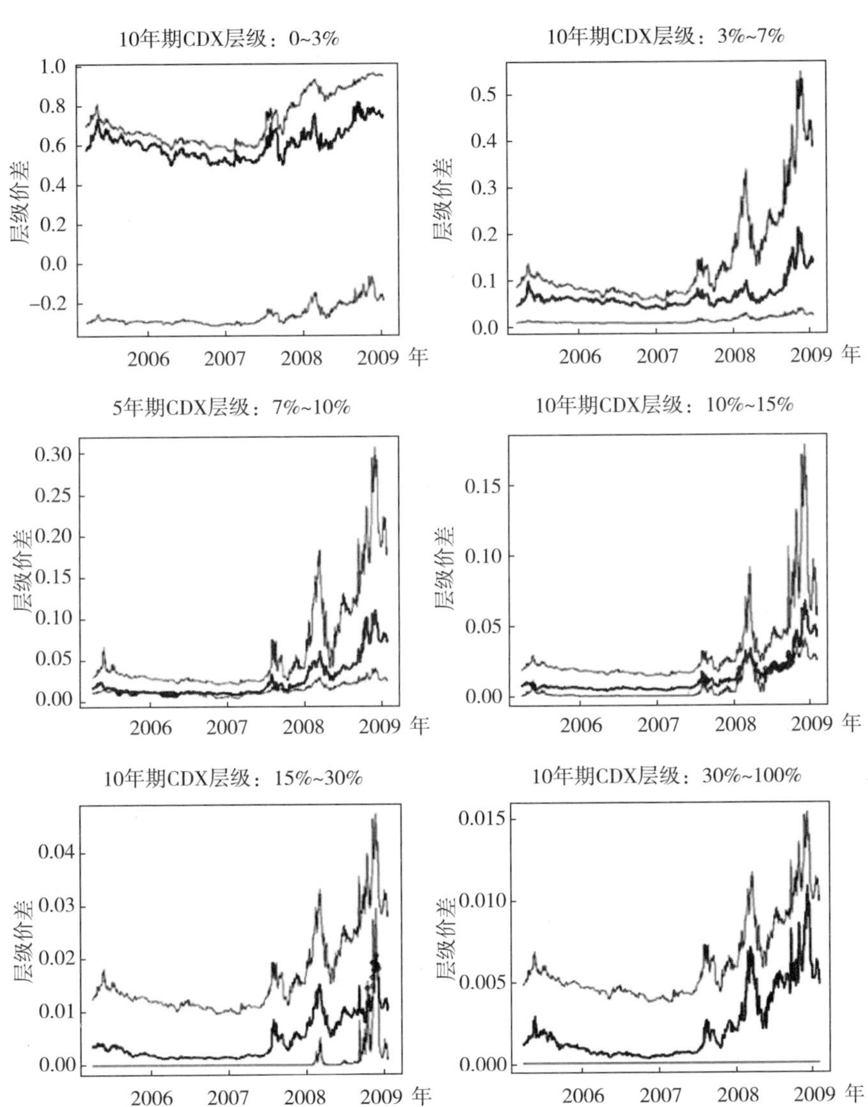

图 7.4 CDX 10 年期可逆性复合相关性，与图 7.1 相同

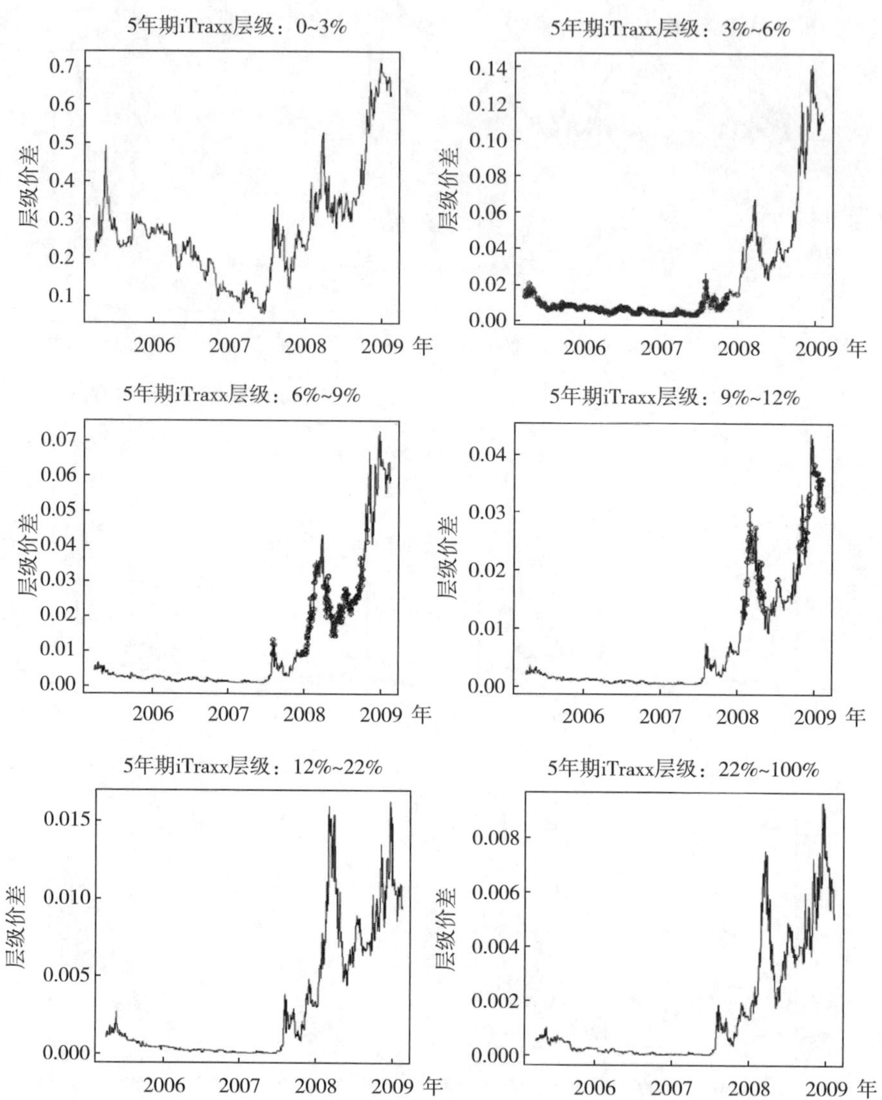

图 7.5　DJ - iTraxx 5 年期复合相关性的唯一性，
黑点突出显示了多个复合相关性将重新定价层级市场价差的日期

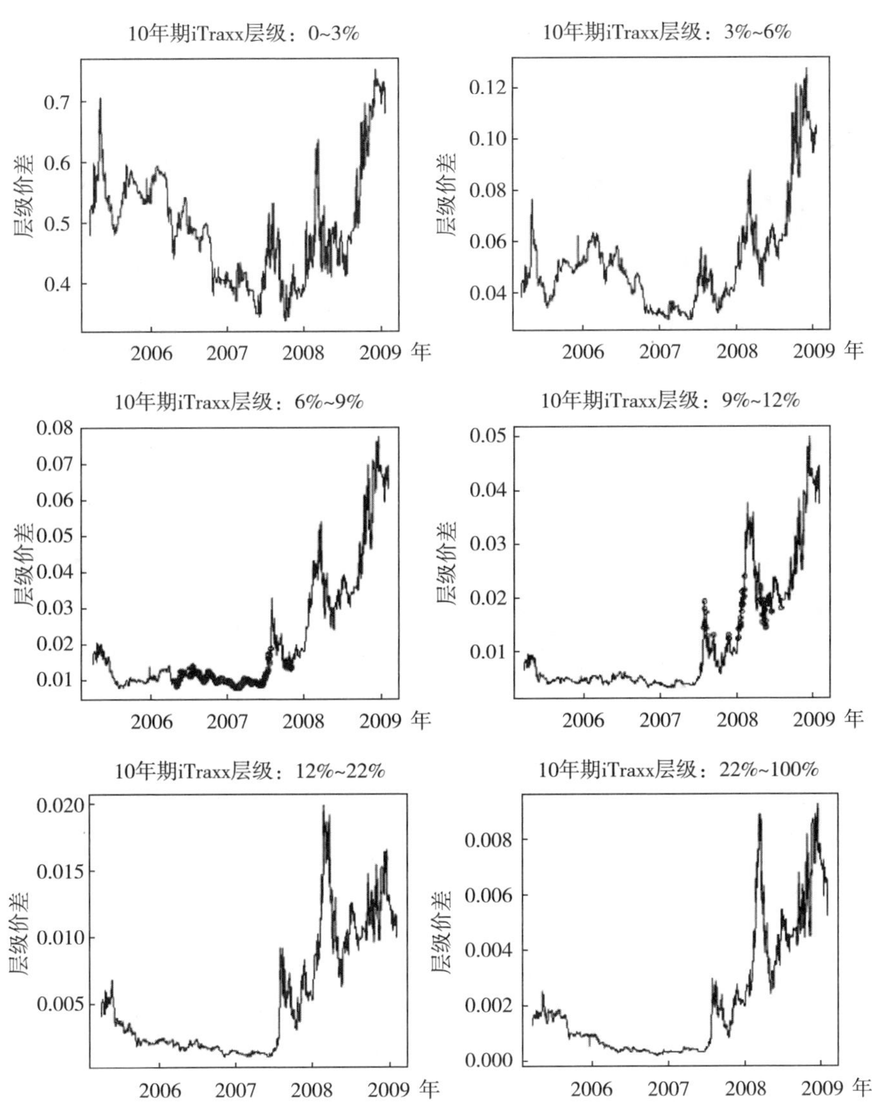

图 7.6　DJ - iTraxx 10 年期复合相关性的唯一性，与图 7.5 相同

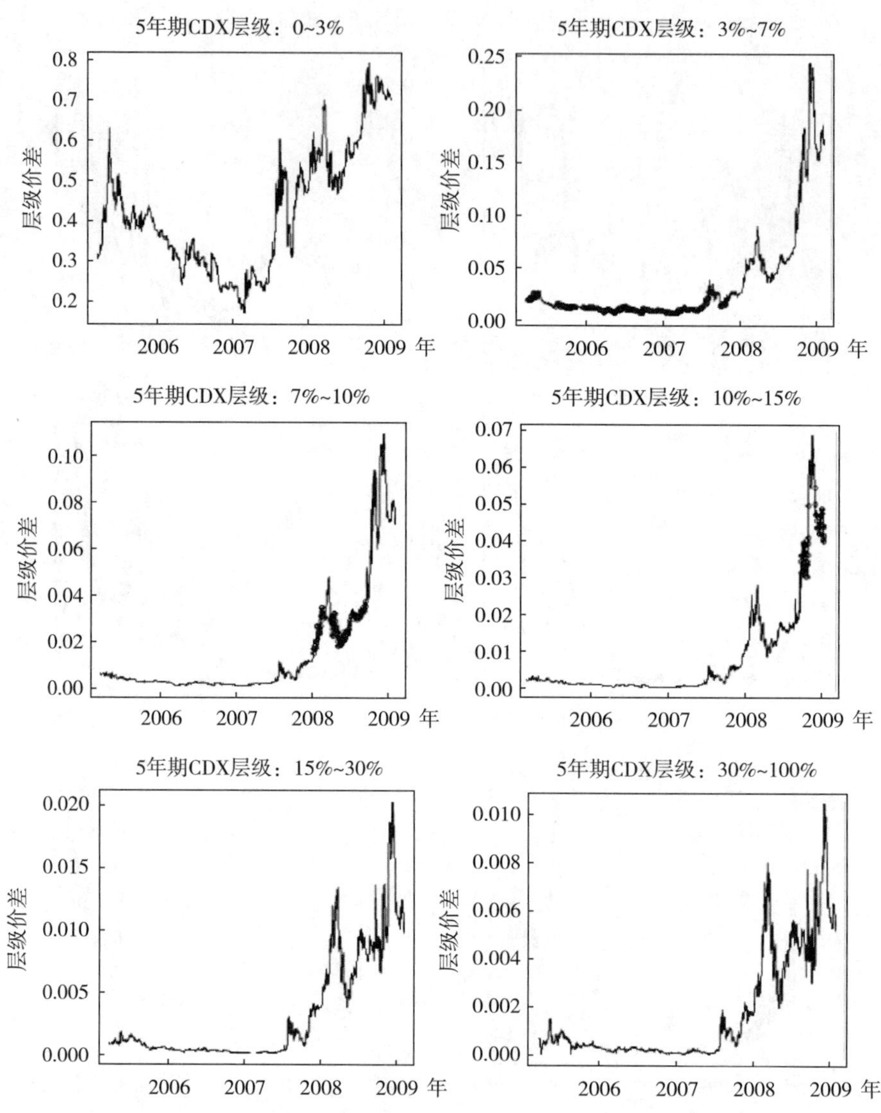

图 7.7 CDX 5 年期复合相关性的唯一性，与图 7.5 相同

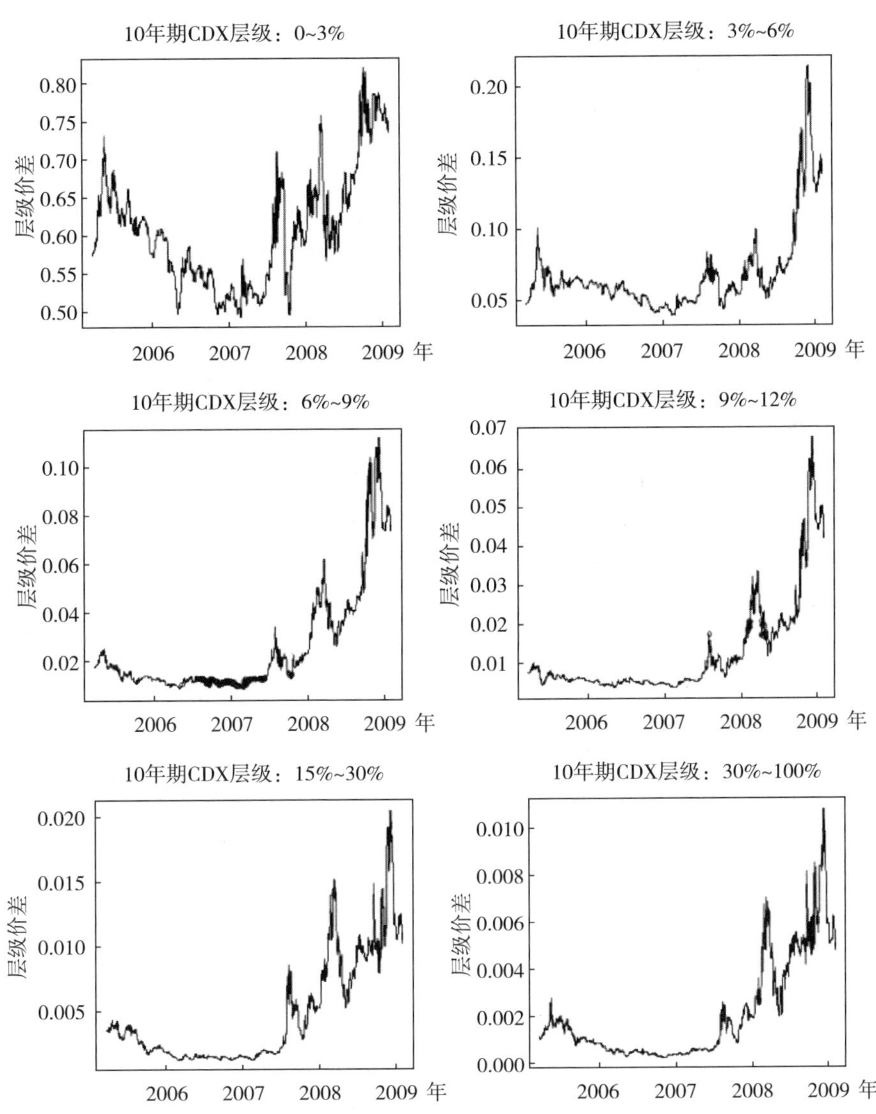

图 7.8　CDX 10 年期复合相关性的唯一性，与图 7.5 相同

我们注意到，复合相关性非唯一性的问题对于两种期限（5 年期和 10 年期）以及两个地区（DJ - iTraxx 和 CDX）的几个次优层级来说尤其严重。此外，对于给定的层级，复合相关性的非唯一性的问题可能跨越一个相关的时间窗口：例如，从2005 年3 月到2007 年10 月，5 年期 DJ - iTraxx 3% ~6% 层级的复合相关性不是唯一可逆的。

在这一点上，我们的目标是解决复合相关性的非唯一性对经济的影响的问题。

让我们以2008 年7 月2 日的 DJ - iTraxx 5 年期6% ~9% 层级为例。在图7.9 中我们可以看到，在该日层级市场价差为 261 个基点且是非唯一可逆的：相同的市场价差可以通过多种复合相关性获得。

在图7.9 中，我们将市场价差（灰色平线）和理论价差（黑色虚线）绘制为复合相关性函数。同样的层级价差可以由 2.41% 或 95.60% 的复合相关性得到。

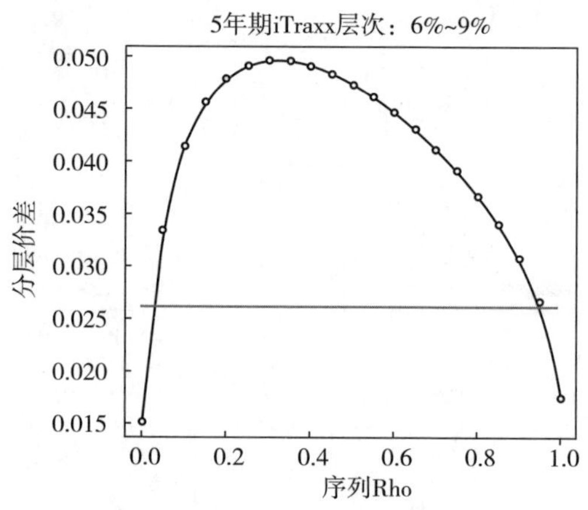

图7.9　2008 年7 月2 日 DJ - iTraxx 5 年期6% ~9%层级的市场价差（平线）和理论价差的复合相关性函数（虚线）

在图7.10 中，我们将 ETL 绘制为两个相关性（2.41% 或95.60%）的函数。我们注意到，ETL 的情况完全不同，这反过来又转化为同一 DJ - iTraxx 5 年期6% ~9% 层级的明显不同的远期起始价差和零息票价。

零息票层级的收益只是到期时层级未偿名义余额。因此，通过假设无违约利率为定值，零息票价在 $t=0$ 时的价格为

$$ZC_0^{A,B} = D(0,T)(1 - \mathbb{E}_0[\overline{L}_{T_i}^{A,B}]$$

对于远期起始层级，远期层级的保护买方将从远期起始日 T_a 至层级到期日 $T = T_b$ 之间向保护卖方支付保费。用于计算这些付款的未偿还名义额是每个利率期间该层级的平均未偿还名义额。相反，保护卖方将向保护买方支付从 T_a 至 T_b

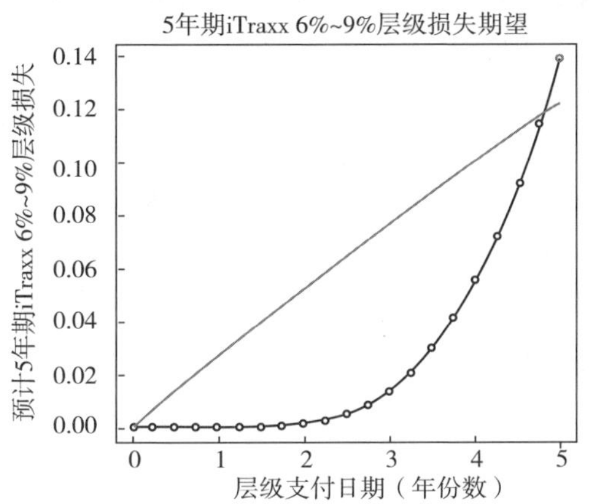

图 7.10 复合相关性为 95.60%（连续线）和 2.41%（虚线）的 DJ－iTraxx 5 年期 6%～9%层级的损失期望，二者均与在 2008 年 7 月 2 日 DJ－iTraxx 5 年期 6%～9%层级的市场价差一致

期间产生的所有违约款。

这意味着，如果所有层级的名义值在远期起始日期前被抹去，即到那个日期的资产组合损失已经达到分离点，那么保护买方和卖方之间就不会有流量交易。因此，远期起始层级的公平价差将是

$$S_{T_a,T_b}^{A,B}(0) = \frac{\int_{T_a}^{T_b} D(0,t)\,\mathrm{d}\,\mathbb{E}_0[\bar{L}_t^{A,B}]}{\sum_{T_i>T_a}^{T_b} \delta_i D(0,T_i)(1-\mathbb{E}_0[\bar{L}_{T_i}^{A,B}]}$$

在表 7.1 中，我们比较了与两种复合相关性关联的违约费用、零息票层级价格和远期起始（2009 年 6 月 20 日）层级价差。虽然这两种相关性都将层级保费费用设置为层级违约费用，但对于这两种相关性，以违约费用衡量的层级风险不必相等。

表 7.1 与 2008 年 7 月 2 日的市场层级价差一致的两种复合相关性（95.60%和 2.41%）关联的 5 年期 DJ－iTraxx 6%～9%层级的违约费用、零息票层级价格和远期起始（2009 年 6 月 20 日）价差

复合相关性	违约费	零息票层级价格	远期起始价差
2.41%	11.23%	10.71%	314 个基点
95.60%	10.80%	9.43%	258 个基点
绝对差异	0.43%	1.28%	56 个基点
相对差异	3.98%	13.57%	21.71%

从表7.1中我们还注意到，虽然违约费用价差仅为43个基点，或为相对价差的3.95%（11.23%/10.80% -1），但零息票层级价格和远期起始层级价差的相对价格的差异更加显著，分别为13.53%和21.7%。

因此，复合相关性除了很难被定制层级使用外，通常是不可逆的，或者存在多个解决方案。当存在多个解决方案时，这可能意味着零息票层级价格和远期起始层级价差（这只是两个例子）是不同值。

7.2 危机中的基本相关性

在第3.7节中，我们指出了基本相关性为复合相关性的一些局限性提供的解决方案。我们还指出，由于基本相关性内在的不一致性，使用两种不同的分布来计算相同的层级价值和处理基本相关性时需要特别小心。特别是由于这种不一致性，我们注意到来自基本相关性的负预期层级损失。同以往一样，我们采用同质池模型。这使分析有些不真实，因为在实践中使用的是异质模型。然而，用同质模型校准基本相关性的困难本身就给出了非常强的报警信号，在这种情况下，异质模型的表现预计也不会更好。

总体而言，基本相关性超过了复合相关性，并超过了危机前更成熟复杂的动态损失模型，原因如下：

- 它可以根据危机前几乎所有市场条件进行校准。
- 它产生一个平滑的映射，从而允许通过插值对定制层级进行定价。
- 它可以作为定义粗略的相关性映射方法，用于对定制CDO资产组合的层级进行定价，而其他相关性不行，例如，Reyfman等（2004）、Baheti和Morgan（2007）关于Bear Stearns和Lehman Brothers的报告。
- 在它的异质版本中，其为交易员提供了易于计算的对冲比率。

危机中这种看法被动摇了。例如，在2008年，有限池异质单因素高斯Copula基本相关性通常不能校准5年期CDX系列9层级[①]。

请记住，与终点B相关的基本相关性等于终点B的权益层级的相关性。从式（2.3）中，我们注意到层级（0，B）的预期损失依次以正系数输入层级（A，B）的预期损失。从图3.7的示例中，我们看到，当固定起点0（A的基本相关性不变时）增加0（即增加B分离点基本相关性），会导致层级价差减少。

当30%终点的基本相关性无法得到足够增长而导致15% ~30%分层价差无

① 我们将注意力集中在系列9上是因为随后系列的流动性有所减少。

法被校准时：对于100%的30%终点的基本相关性，理论上可达到的最小15%～30%分层价差要高于15%～30%市场分层价差。反过来，这是因为15%终点的基本相关性已经很高，以至于相关性值的100%上限变成了一个紧约束。

在这方面，我们在图7.11中绘制了CDX 5年期系列9的15%～30%层级市场价差和2007年9月到2009年5月可以使用有限池异质单因素高斯Copula基本相关性校准的最小层级价差。

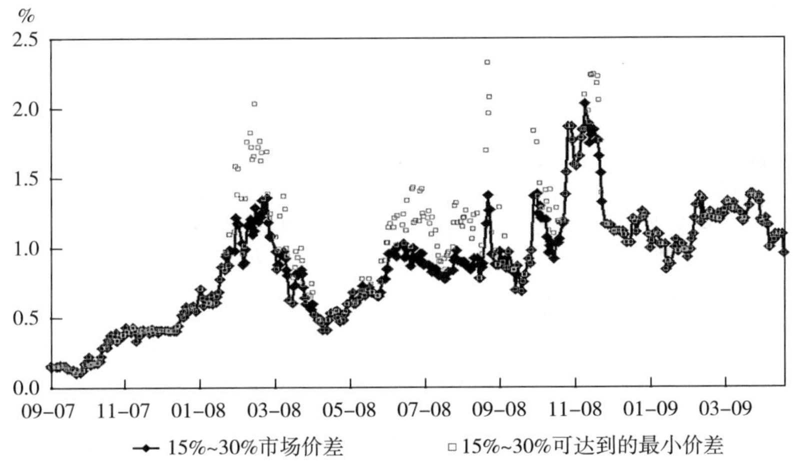

图7.11 通过异质基本相关性校准的5年期CDX 15%～30%层级的市场价差及可达到的最小价差

因此，我们已经看到，在相关性100%上限成为约束条件的那些日期，异质基本相关性存在校准问题。如果我们转向同质性假设，同质Copula可以校准异质Copula无法校准的所有资本结构。

事实上，允许异质性可能会显著地改变损失分布的形状，如图7.12所示，我们比较了同质和异质Copula函数采用相同相关性参数时所隐含的5年期CDX资产池的损失分布。使用的相关参数是在与成分CDS报价一致的异质模型下校准2007年12月7日的0～3%权益层级价差的参数。

在图7.13中，我们绘制了根据2007年12月7日市场价差校准的5年期CDX异质和同质基本相关性。我们注意到异质基本相关性不能校准15%～30%的层级，我们还注意到同质基本相关性小于异质基本相关性，因此没有达到100%的相关性上限。

综上所述，在最近的信贷危机中，由于市场参与者在相当长的一段时间内未能对其进行校准，基本相关性的异质版本失败了。相反，在整个危机期间，基本相关性的同质版本能够校准5年期和10年期的DJ－iTraxx和CDX指数。

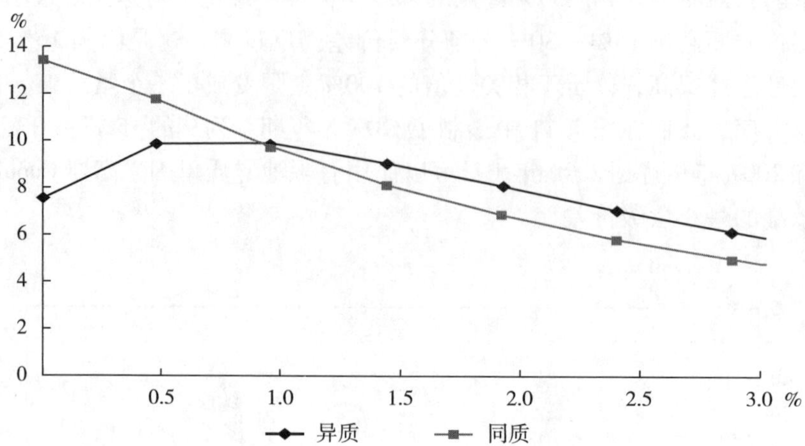

图 7.12 通过有限池异质（黑线）和同质（灰线）单因素高斯 Copula 计算得到池损失分布

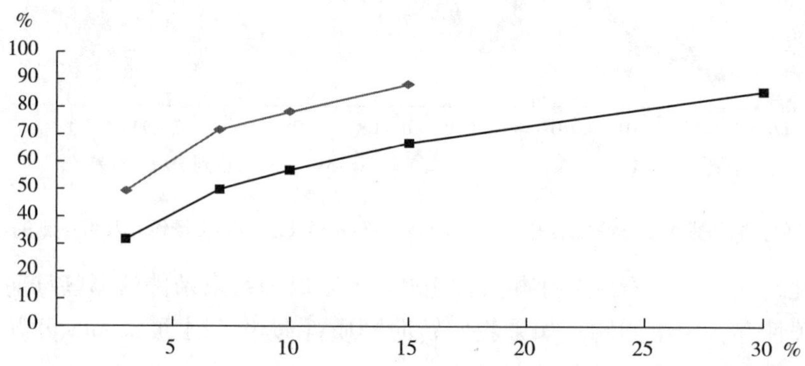

图 7.13 根据 2007 年 12 月 7 日 5 年期 CDX 层级价差校准异质和同质基本相关性

这并不意味着后者不会受到问题的影响。我们强调这些问题是为了对与隐含 Copula 和危机中的 GPL 相对的同质池基本相关性作出公平的评估。

基本相关性校准中大多数问题都涉及优先级和超高优先级层级。在基本相关性框架内，超高优先级层级定价是对其余资本结构和指数进行校准的副产品。例如，当校准 22% ~100% 层级的价值时，有必要在基本相关性校准程序规定的资本结构迭代结束时，计算预期值：

$$\mathbb{E}\left[\bar{L}_T^{0.22,1}\right](\rho_{0.22},\rho_1) = \frac{1}{1-0.22}\left[1\,\mathbb{E}\left[\bar{L}_T^{0,1}\right](\rho_1) - 0.22\,\mathbb{E}\left[\bar{L}_T^{0,0.22}\right](\rho_{0.22})\right]$$

其中，为校准层级值而移动的参数为 ρ_1。

问题是，整个资产池的损失显然对相关性不敏感，而与指数报价有关。正是这个原因，我们将获得超高优先级层级价差作为基本相关性校准程序和指数的副产品。

我们将相对定价误差定义为理论价差超出买卖价差除以中间市场价差。在图 7. 14 中，对于 CDX 5 年期 30% ~100% 超高优先级层级我们绘制了相对定价误差，同样的指标将用于判断危机期间 GPL 校准的优缺点。我们注意到定价误差是非常相关的：大部分徘徊在 10% ~20%，峰值在 50% ~60%。

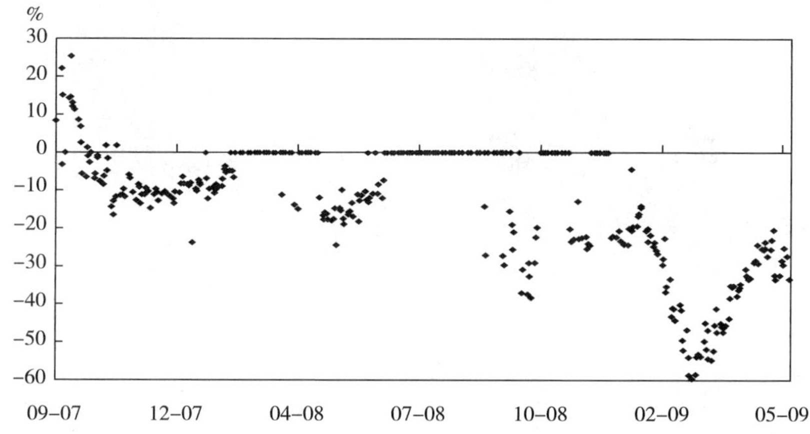

图 7. 14　当资本结构的其余部分使用有限同质池基本相关性进行校准时（当 30%的基础无法校准时，将定价误差设置为零）CDX 5 年期 30% ~100%的相对定价误差

最后，我们提到确定性回收率假设，虽然在计算上非常方便，但对上述设置没有帮助。Amraoui 和 Hitier（2008）以及 Krekel（2008）等引入随机回收率的学者在基本相关性框架中解决这一问题。然而，即使有了这一更新，基本相关性仍存在缺陷，仍可能导致负损失分布，而且有传闻，在危机中如果随机回收率与一个单一主体 CDS 值一致，则伴随有上述随机回收率的异质池基本相关性将无法适应市场。关于将随机回收率的公式作为隐含 Copula 框架中的系统因素的函数，见备注 4. 1. 1。

7. 3　危机中的隐含 Copula

在这里，我们分析第 4 章中描述的隐含 Copula 框架，展示隐含损失在时间上的分布，以便将前面的例子作为我们分析危机前和危机期间隐含损失的特殊案例。

在图 7. 15 中，对于违约计数过程我们展示了由从 2005 年 3 月至 2009 年 1

月 5 年期和 10 年期的 CDX 和 DJ - iTraxx 层级（除超高优先级层级外的整个资本结构）以及指数校准的隐含分布。我们记录了危机爆发以来，DJ - iTraxx 和 CDX 5 年期和 10 年期隐含损失分布隐含的概率质量如何向更高的违约数量转移。一般来说，这可以解释为增加了可感知的违约风险。

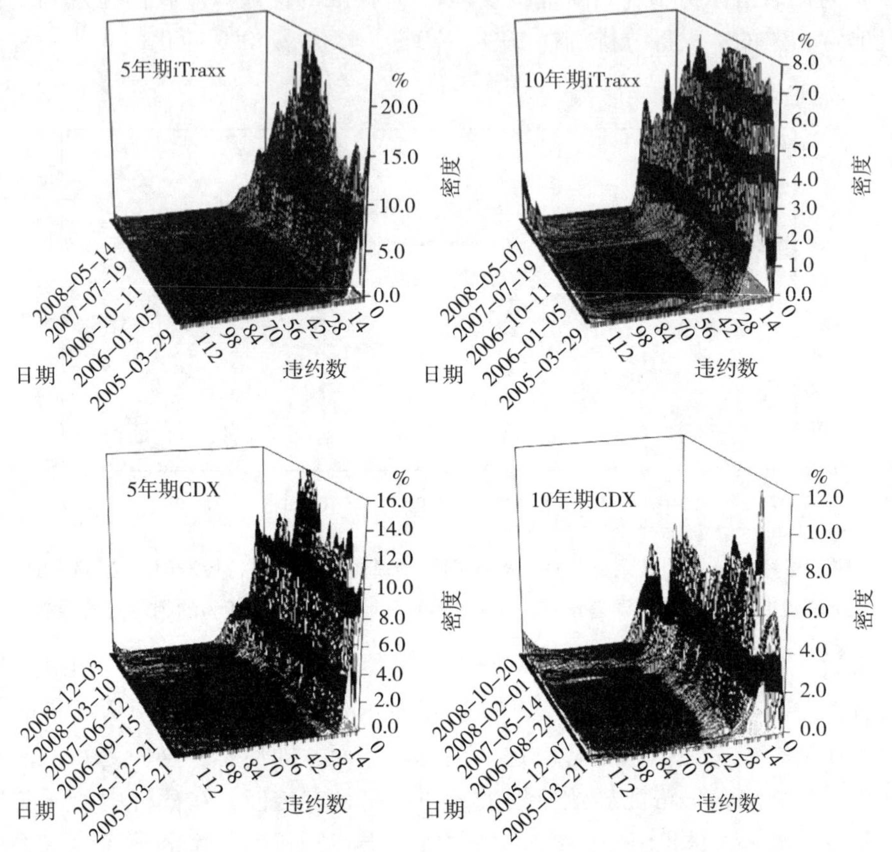

图 7.15 针对 2005 年 3 月至 2009 年 1 月校准的 5 年期和 10 年期 CDX 和 DJ - iTraxx 层级，通过两阶段优化［如 Torresette 等（2006c）］使用隐含 Copula 校准的隐含分布

此外，我们还注意到，危机爆发以来，与灾难性或末日事件（整个信用参考池的违约）相关的概率质量急剧增加。这对 DJ - iTraxx 和 CDX 10 年期违约率分布尤为明显。Morini 和 Brigo（2007、2009）指出，在信用指数期权背景下，末日事件的可能性增加了。

图 7.16 和图 7.17 展示了在观察图 7.15 时无法立即理解的隐含分布的一个特质：隐含损失分布中模型的位置随时间的稳定性。通过大约每 5 个月对由 CDX 5 年期层级校准的隐含分布进行一次快照，我们记录了与大约 20 个主体有

关的模型在所有校准日期是如何使其位置保持不变的。尤其是在最近的数据中，我们注意到，尽管分布向右移动，从而对该资产池增加的违约风险进行的定价也发生了变化，但模型的位置似乎没有受到影响。特别是我们检查了 2008 年 3 月至 2009 年 1 月的数据：尽管分布向右移动了很多，但我们实施的非参数优化仍然展示出一个清晰的，与大约 20 个名称的违约计数簇有关的模式。这一观察结果很自然地引出了 7. 5 节中概述的 GPL 动态框架。

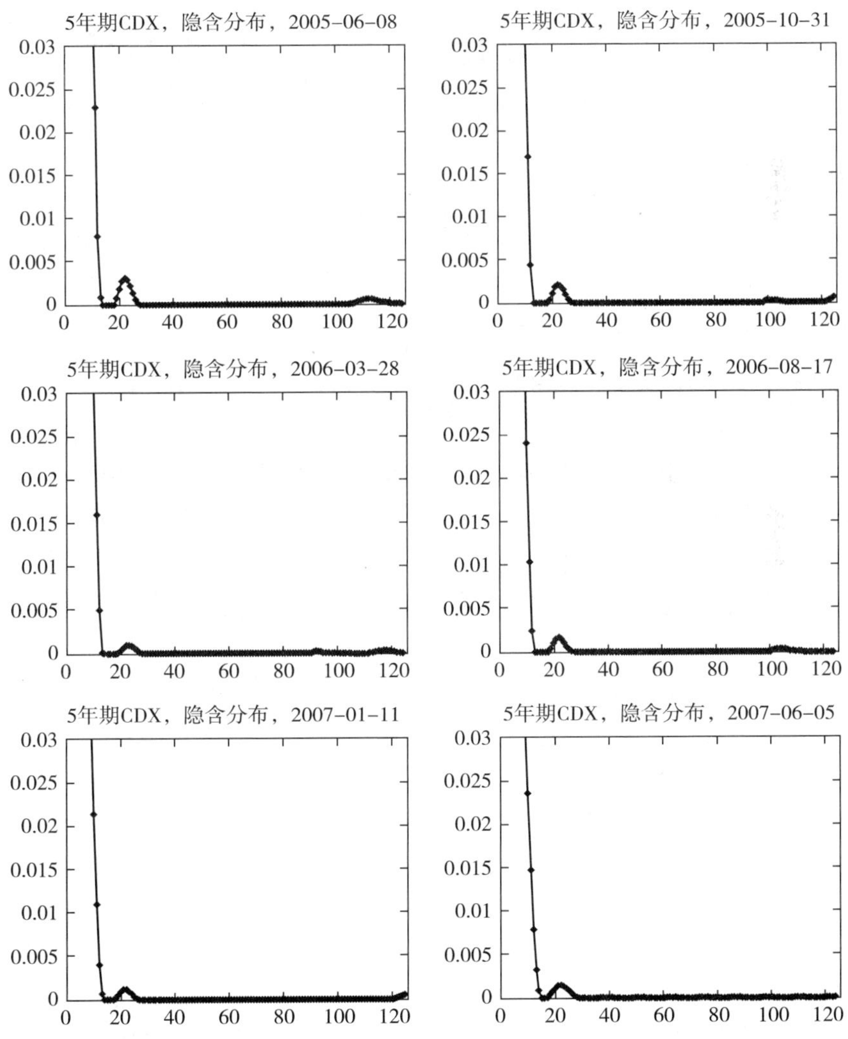

图 7. 16 针对 2005 年 6 月至 2007 年 6 月 5 年期 CDX 的运行层级，使用隐含 Copula 校准的通过两阶段优化［如 Torresette 等（2006c）］的隐含分布。2007 年 6 月以后的数据见图 7. 17

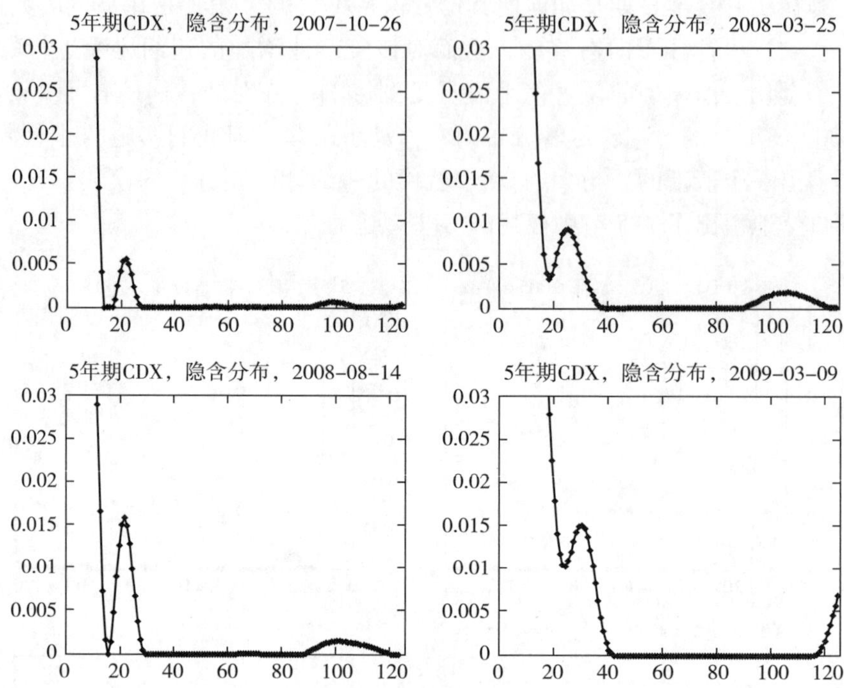

图 7.17　针对 2007 年 10 月至 2009 年 1 月 5 年期 CDX 的运行层级，使用隐含 Copula 校准的通过两阶段优化［如 Torresette 等（2006c）］的隐含分布。2007 年 10 月之前的数据见图 7.16

7.4　危机中预期层级损失曲面

预期层级损失（Expected Tranche Loss，ETL）曲面模型在危机中的表现并不像危机前那么糟糕。这在一定程度上是由于有了超高优先级层级，系统变得过定[①]。事实上，资本结构是完整的[②]，通过确定的回收率，超高优先级预期损失不仅要符合指数价差，而且要符合指数和超高优先级层级。

在式（5.4）的优化中，将超高优先级层级加入市场工具集，并不会在其函数被优化的变量中增加任何自由度，但添加了两种工具：每个到期日增加一个工具。

例如，随着超高优先级层级的加入，22%～100%层级的未知 ETL 将不会由假设的确定性回收率进行校准，而是直接校准到超高优先级层级价差。如果假

① 过定（Overdetermined）是一个专用名词。——译者注

② 自 2005 年底以来，超高优先级层级的流动性使我们能够将其纳入校准工具集。

设一个确定的回收率，那么该指数将是其他所有层级校准的副产品。

这一过程很可能导致理论的层级衍生指数价差超出了实际报价的指数买卖价差。这就是为什么在式（5.4）对所有层级和指数的联合优化中，我们将寻求ETL，以使所有层级和指数的定价在两个到期日的买卖价差内。

如图7.18所示，在式（5.4）的优化中，当我们把超高优先级层级包括进去时，我们报告了危机期间DJ－iTraxx系列9和CDX系列10的5年期和10年期层级和指数的相对定价误差。我们注意到校准的质量有所下降：危机前，DJ－iTraxx和CDX分别仅为所有校准日期的0.2%和0.8%，当线性插入ETL计算层级和指数NPV时，所有工具的最大标准化定价误差超过买卖价差一半的20%（见表5.1）。在危机中，DJ－iTraxx和CDX这一数值分别增加到所有校准日期的1.4%和1%：考虑到我们在过去几年所经历的一切，这是一个相当了不起的成就，尽管相对于危机前的校准来说，这是一种恶化。

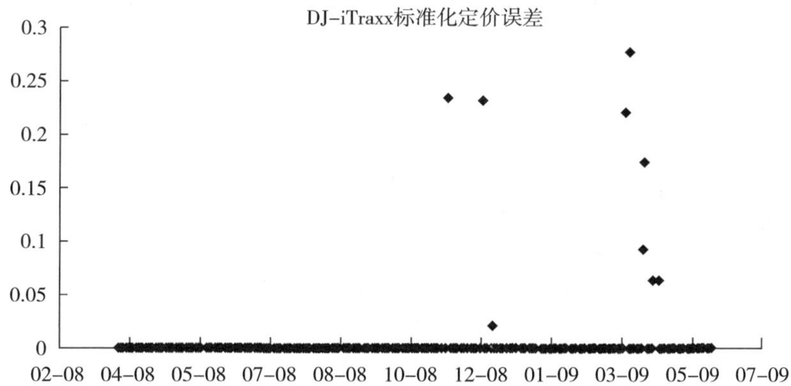

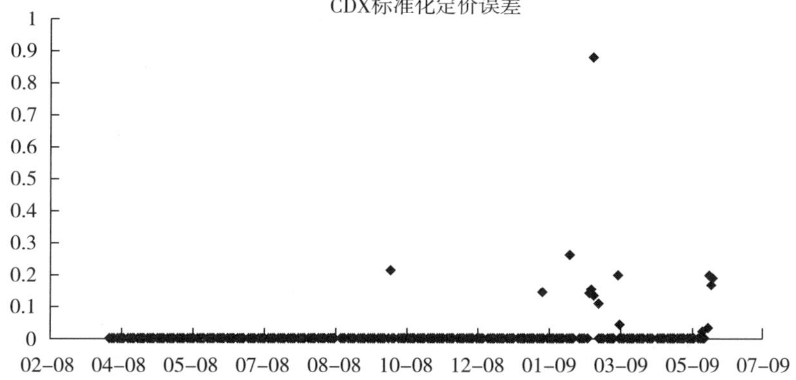

图7.18 由预期层级损失面的每个日期校准产生的5年期和10年期层级和指数的最大绝对标准化定价误差，即式（7.3）的绝对值

除一种情况外，在所有情况下，最大定价误差来自5年期超高优先级层级和指数。唯一的例外是2009年1月22日，最大定价误差来自10年期超高优先级层级和指数。在图7.19中，我们可以看到，如果校准导致标准化定价误差大于0，那么定价误差对于指数是正的，对超高优先级层级是负的。[①]

我们将注意力集中在DJ－iTraxx系列9和CDX系列10上，因为在危机中，CDO市场的流动性在运行系列[②]完全消失了相当长的一段时间。考虑到危机中CDO市场流动性有所下降，我们将只对最具流动性的期限（5年期和10年期）的层级和指数进行校准。

指数的正标准化错误报价意味着理论指数价差高于报价。相反，对于超高优先级层级，负标准化错误报价意味着理论超高优先级层级价差低于出价。

7.4.1 确定性分段恒定回收率

下面我们展示了一种方法来纠正式（5.4）中优化的过度确定特征，其中，当加入超高优先级层级时，我们寻找12个未知数来校准14个市场工具。这种过度确定导致了如图7.19所示的问题。

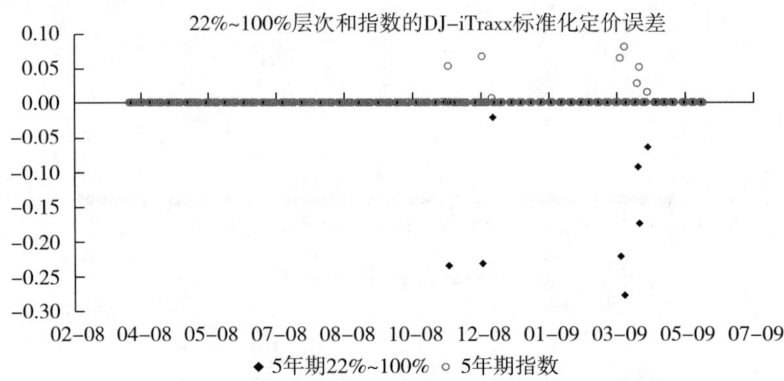

图7.19 由预期层级损失面的每个日期校准产生的5年期超高优先级层级和指数的标准化定价误差式（7.3）

① 我们没有展示其他所有错误定价，因为它们具有与超高优先级层级相同的迹象，而且绝对值通常要小得多。

② 市场参与者对DJ－iTraxx系列9和CDX系列10的兴趣从未消失，因为需要对冲评级构成更符合非运行系列而不是运行系列的遗留CDO资产组合。事实上，在运行系列中，当重新平衡指数时，降级的名称会被排除在外。

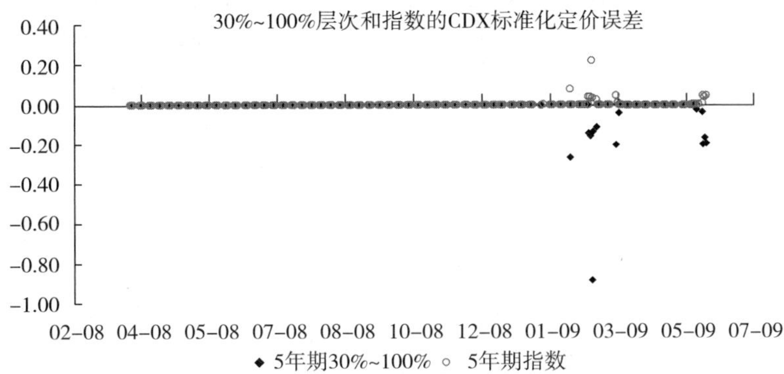

图 7.19 由预期层级损失面的每个日期校准产生的 5 年期超高优先级层级和指数的标准化定价误差式（7.3）（续）

直观地说，我们将尝试增加理论校准的 ETL 指数价差，使其落在报价指数买卖价差之内。考虑到指数违约费用 NPV 是由横跨整个资本结构的层级价格驱动的，所以我们不能改变它，我们将转而关注指数保费支出，尤其是指数 D_{V01}。

在这一点上，我们注意到，包括 D_{V01} 的指数未偿名义值被池违约率降低了，而不是被资产池损失率。换句话说，回收率没有进入指数 D_{V01}，而进入了违约费用（这与层级不同，回收率也会进入层级 D_{V01}）。为了提高指数 D_{V01}，从而在给定相同违约费用 NPV 的情况下，减少理论指数价差，使其低于报价，我们将引入确定性分段恒定回收率。我们对 ETL 方法的修正实现了对所有层级的校准，包括超高优先级层级，从而跨越了整个资本结构和指数，这意味着在网格 $\{T_0, T_{5yr}, T_{10yr}\}$（两步）内的时间上确定性回收率是分段恒定的。我们有

$$(1-R_t)\,\mathrm{d}\overline{C}_t = \mathrm{d}\overline{L}_t;\ R_t := R_{5yr}\ \forall_t \leqslant T_{5yr},\ R_t := R_{10yr}\ \forall_t > T_{5yr}$$

其中，R_{5yr} 及 R_{10yr} 是确定性常数。

此外，在对优先级无担保 CDS 的回收率进行定价时，目标函数将被改变，以惩罚从 40% 的市场标准逐步恒定的校准回收率的偏差。式（7.1）中权衡系数 100 旨在将优化移向小的定价误差，即将小的定价误差优先于 40% 的回收率偏差①。最后，我们注意到，在式（7.3）中定义的定价误差不同于式（5.6）中在危机前引入的定价误差。这样做是为了更清楚地了解买卖价格信息的影响。在我们的危机前的定义中，当定价误差度量式（5.6）的绝对值小于 1 时，我们

① 错误定价为买卖价差一半的 0.01 倍将使目标函数增加 0.01（$0.01^2 \times 100$），而 40% 的隐含回收率的 0.01 倍的偏差将使目标函数增加 0.0001（0.01^2）。因此，任何工具买卖价差 1% 的错误定价将比移动 40% 的隐含回收率的 1% 的 100 倍更具惩罚性。

将处于买卖窗口内，而在我们新度量式（7.3），如果定价误差为0，则校准将在买卖区间内。这样我们就会立即注意到，当模型在买卖价差范围外进行校准时，定价误差将不为0。

$$\underset{\{R_{5yr},R_{10yr},f(5yr,3\%),\cdots,f(10yr,100\%)\}}{\operatorname{argmin}} \quad 100\sum_{T}\sum_{A,B}(\mathrm{MisprStdz}^{A,B})^2+\sum_{T}(R_T-0.4)^2 \tag{7.1}$$

条件为：

$$\begin{cases}0\leqslant f(t,k)\leqslant 1\\ f(t_i,k)\geqslant f(t_{i-1},k)\\ f(t,k_{j-1})\geqslant f(t,k_j)\end{cases} \tag{7.2}$$

其中

$$\mathrm{MisprStdz}^{A,B}=\begin{cases}(S_0^{A,B,\mathrm{theor}}-S_0^{A,B,\mathrm{bid}})/S_0^{A,B,\mathrm{ba}} & \text{if } S_0^{A,B,\mathrm{theor}}<S_0^{A,B,\mathrm{bid}}\\ (S_0^{A,B,\mathrm{theor}}-S_0^{A,B,\mathrm{ask}})/S_0^{A,B,\mathrm{ba}} & \text{if } S_0^{A,B,\mathrm{theor}}>S_0^{A,B,\mathrm{ask}}\\ 0 \text{ otherwise}\end{cases}$$

$$S_0^{A,B,\mathrm{ba}}=\frac{S_0^{A,B,\mathrm{ask}}-S_0^{A,B,\mathrm{bid}}}{2} \tag{7.3}$$

此外，尤其是在式（5.4）中规定的最优化导致任意到期日的任何层级或指数的标准化定价误差大于0的所有日期，即所考虑的两个到期日的任意一个的任何层级或指数的理论价差超过买卖价差的情况下，我们将运行式（7.1）中确定的最优化。其中，对于最优化式（5.4），我们将引入分段恒定回收率，在0年期和5年期之间持平，然后在5年期和10年期之间持平。这将使我们在最优化中增加两个自由度①。

更具体地说，对于每个市场日期，我们运行两阶段最优化，其中只有当任何工具都不在第一阶段买卖价差范围内定价时，才能进入具有更多参数（回收率）的第二阶段。这样我们就可以校准所有的日期，而不会有任何定价误差。

在图7.20中，我们绘制了每个日期的校准分段恒定回收率：5年期和10年期的隐含回收率。我们注意到，在那些单一固定回收率不能校准所有层级和指数的日期，上述校准意味着前5年的回收率低于40%。这与经济复苏速度取决于商业周期的证据是一致的，在经济衰退期，回收率较低。这也与我们走出当前危机时经济复苏速度慢于预期的预测一致。

① 正如式（5.4）确定的最优化，在式（7.1）确定的最优化中，我们将指数的标准化错误定价乘以2，以便对指数进行更精细的重新定价。

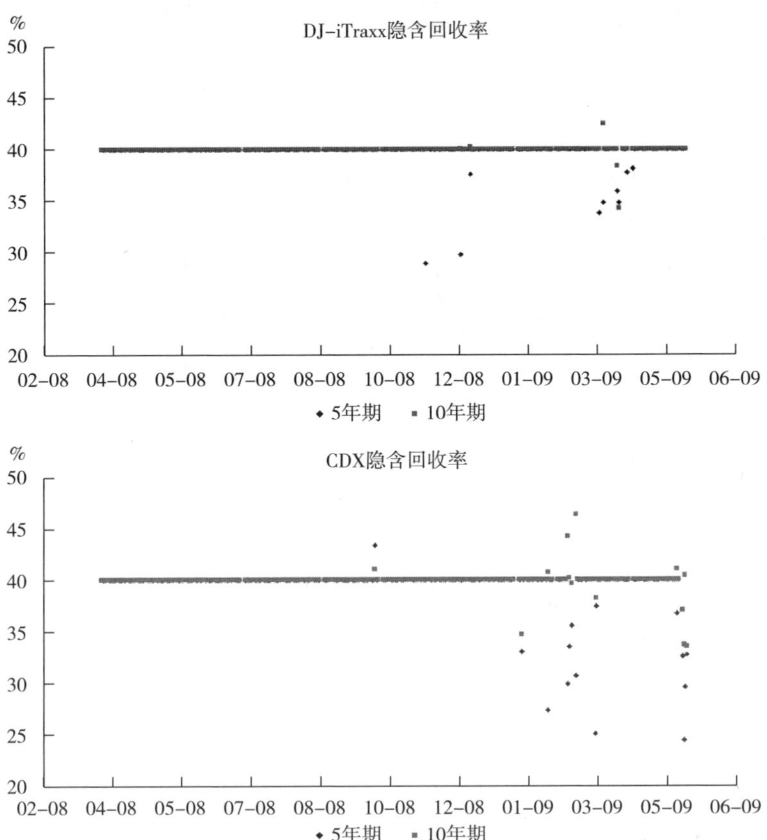

图 7.20 隐含于由式（7.1）中提出的最优化的层级和指数市场报价的逐步恒定回收率

7.5 危机中的广义泊松损失模型

我们现在使用 GPL 模型，看看它在危机中的表现如何。我们稍微改变了模型的表述，以便有一个更符合当前市场的模型，同时保持建模方法的所有基本特征。与第 6 章中描述的模型相比，我们引入了以下改进。我们固定跳跃幅度 α（先验的）。为此，我们的推理如下。当考虑 40% 的回收率时，将独立泊松跳跃幅度固定在恰好为每个层级分离点之上的水平。

例如，对于 DJ - iTraxx，这将通过幅度 $\alpha_i = \alpha_i/125$ 来实现，其中

$$\alpha_5 = \text{roundup}\left(\frac{125 \times 0.03}{(1-R)}\right),\ \alpha_6 = \text{roundup}\left(\frac{125 \times 0.06}{(1-R)}\right),$$

$$\alpha_7 = \text{roundup}\left(\frac{125 \times 0.09}{(1-R)}\right),\ \alpha_8 = \text{roundup}\left(\frac{125 \times 0.12}{(1-R)}\right),$$

$$\alpha_9 = \text{roundup}\left(\frac{125 \times 0.22}{(1-R)}\right), \ \alpha_{10} = 125$$

并且为了有更多的粒度，我们增加了 α_1、α_2、α_3、α_4：

$$\alpha_1 = 1, \alpha_2 = 2, \alpha_3 = 3, \alpha_4 = 4$$

我们总共有 $n = 10$ 个跳跃幅度。然后，我们稍微修改一下，是为了考虑略有不同的 CDX 起点。最终我们得到了一组幅度

$$125 \cdot a_i \equiv \alpha_i \in \{1,2,3,4,7,13,19,25,46,125\}$$

基于这些幅度 α，我们得到了违约计数过程分数，为

$$\bar{C}_t = 1_{\{N_n(t)=0\}}\bar{c}_t + 1_{\{N_n(t)>0\}}, \ \bar{c}_t := \text{minn}\left(\sum_{i=1}^{n-1} a_i N_i(t), 1\right)$$

现在将随机事件 $\hat{\tau}$ 定义为 $\sum_{i=1}^{n} a_i N_i(t)$ 达到或超过相对池大小 1 的第一次的时间。

$$\hat{\tau} = \inf\{t : \sum_{i=1}^{n} a_i N_i(t) \geqslant 1\}$$

我们定义损失分数为：

$$\begin{aligned}\bar{L}_t &:= 1_{\{\hat{\tau}>t\}}(1-R)1_{\{N_n(t)=0\}}\bar{c}_t + 1_{\{\hat{\tau}\leqslant t\}} \\ &\quad \times [(1-R)1_{\{N_n(\hat{\tau})=0\}} + 1_{\{N_n(\hat{\tau})>0\}}(1-R\bar{c}_{\hat{\tau}})] \\ &= 1_{\{\hat{\tau}>t\}}(1-R)1_{\{N_n(t)=0\}}\bar{c}_t + 1_{\{\hat{\tau}\leqslant t\}}(1-R\bar{c}_{\hat{\tau}})\end{aligned} \tag{7.4}$$

请注意，在这种情况下，每当 Armageddon 成分 N_n 跳跃到第一次时间时，违约计数过程 $\bar{C}_t$ 将跳跃到整个池大小，且不再有违约可能。

此外，每当 Armageddon 成分 N_n 跳跃到第一次时间时，我们将假设与那时违约的剩余名称有关的回收率为 0。然而，资产池损失并不总是跳跃到 1，因为在 Armageddon 成分 N_n 跳跃前，可能有一个或多个主体已经违约，且违约时回收率为 R。如果在给定的时刻 t，整个资产池都出现了违约，即 $\bar{C}_t = 1$，那么这可能是以两种方式发生：

- N_n 跳过了 t。在这种情况下，由于 Armageddon 事件，资产组合已经没了。请注意在这种情况下，如果 N_n 达到了 t，则 $d\bar{C}_t = d\bar{L}_t$。事实上，与该时刻违约的资产池分数有关的回收率将等于 0。

- N_n 没跳过了 t。在这种情况下，资产组合已经在没有 Armageddon 事件的情况下消失了，而是因为更多不构成整个池的小或大部分的违约。请注意，在这种情况下，因为所有违约的回收率 $R > 0$，所以损失小于整个名义值。

这样，每当 N_n 跳到池没有消失的时刻，我们就可以放心，池损失将高于1 -

R。我们这么做是因为2008年的市场一直在对CDO进行报价，其中假设超高优先级层级将受到冲击，达到固定回收率为40%时不可能达到的水平。有趣的是，在2008年3月25日，对于DJ－iTraxx存在着5年期60%～100%层级的市场，其所报价的连续价差为24个基点。

我们知道如何计算 $\bar{C}_t$ 和 $\bar{L}_t$ 的分布，当

- $\bar{c}_t = \min(\sum_{i=1}^{n-1} a_i N_i(t), 1)$ 的分布是通过运行简化的GPL获得的，即不包括跳跃 N_n 的GPL。
- N_n 独立于其他所有过程 N_i，所以我们能在计算层级和指数的风险中性折现费用时将预期因素考虑在内。

关于回收率的问题，在动态损失模型中，回收率可以设为违约率 $\bar{C}_t$ 的函数，或者也可以有其他解决方案［见4.1节中回收率讨论以及Brigo等（2007）以作进一步讨论］。在这里，我们使用上述简单的方法，为了与市场报价保持一致，允许池损失超过（$1-R$），从而严重影响到甚至最高优先级层级。

有必要举个例子来进一步阐明GPL。让我们以广义泊松损失模型为例，其中有三个独立的泊松过程 N_1、N_2、N_3，分别乘以1、10、40，恒定确定性强度为 $\lambda_1=4\%$，$\lambda_2=1.5\%$，$\lambda_3=0.75\%$。假设40%的确定性回收率，并假设三个过程在当前时间之前跳跃了一次。与此假设相关的125个主体的标准化DJ－iTraxx池损失分别为0.48%、4.8%和19.2%，其中 N_1、N_2、N_3 分别跳跃了一次。则一年的无上限损失过程的预期损失为

$$0.2352\% = 0.0048 \times 0.04 + 0.048 \times 0.015 + 0.192 \times 0.0075$$

在图7.21中，我们绘制了四种递增期限的违约计数分布图：3年期、5年期、7年期和10年期。我们注意到，随着期限的增加，分布右尾的模式变得更加明显。这些凸起是发生更高幅度跳跃的相应概率。

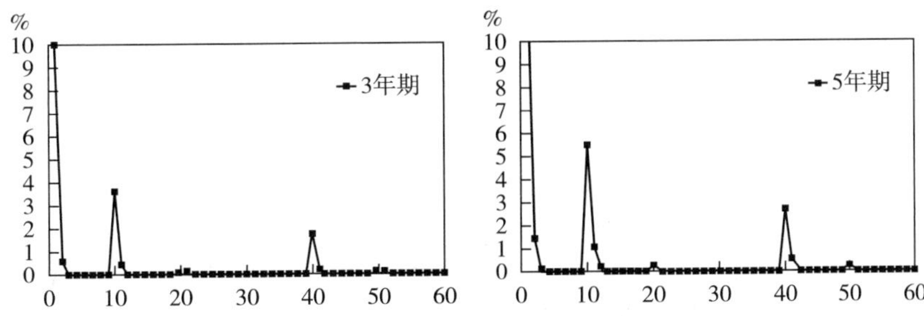

图7.21 恒定确定性强度 $\lambda_1=4\%$，$\lambda_2=1.5\%$，$\lambda_3=0.75\%$，与具有三个独立泊松过程特征的 *GPL* 有关的且跳跃幅度 $\alpha_1=1$，$\alpha_2=10$，$\alpha_3=40$ 的违约计数 $M\bar{C}_T$ 的概率分布

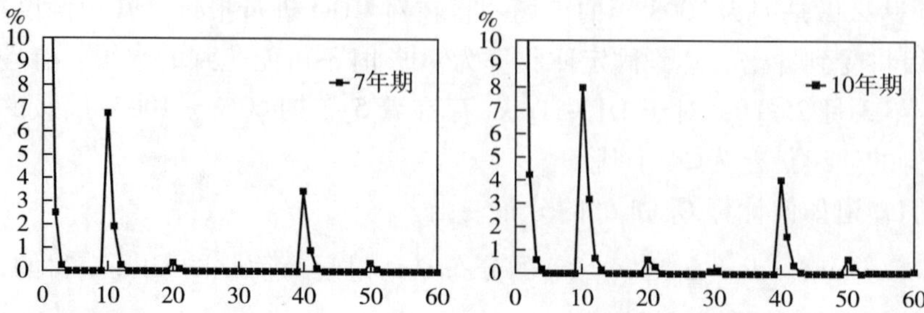

图 7.21 恒定确定性强度$\lambda_1=4\%$，$\lambda_2=1.5\%$，$\lambda_3=0.75\%$，与具有三个独立泊松过程特征的 *GPL* 有关的且跳跃幅度$\alpha_1=1$，$\alpha_2=10$，$\alpha_3=40$ 的违约计数$M\overline{C}_T$的概率分布（续）

从分布中我们注意到，概率不是简单地分配给较高的跳跃幅度（在我们例子中为 10 个和 40 个违约），还分配给紧接其上的一些违约值：这将是高幅度和低幅度（但概率更高）的跳跃概率——在我们的例子中，大小为 1。

进一步我们还注意到，随着期限的增加，一些二阶模式开始出现。这些是与较高幅度（10 和 40）、较小概率的 GPL 分量中的多个跳跃相对应的凸起。

现在让我们假设要为两个层级定价：2% ~4.8% 和 10% ~19.2%。这些层级的预期层级损失，以及最终公平价差，将主要取决于位于层级终点之上的概率质量。

考虑到对这种模式的解释，基于 40% 的回收率我们决定通过将独立泊松跳跃幅度固定在仅高于每个层级终点的水平来选择 GPL 幅度。这使上述 $\alpha_5,\cdots,\alpha_{10}$ 成为我们的 α_s 值。考虑到隐含 Copula 历史校准分布形状的丰富性，我们增加了四个幅度（从 1 到 4），对应少量的违约值。

现在我们呈现的是刚刚在历史数据中概括出来的 GPL 的拟合优度。我们通过计算每个日期相对定价误差来衡量拟合优度：

$$
\mathrm{M\scriptsize{ISPR}\normalsize{R}\scriptsize{EL}}^{A,B}=\begin{cases}\dfrac{S_0^{A,B,\text{theor}}-S_0^{A,B,\text{bid}}}{S_0^{A,B,\text{mid}}} \text{若 } S_0^{A,B,\text{theor}}<S_0^{A,B,\text{bid}}\\ \dfrac{S_0^{A,B,\text{theor}}-S_0^{A,B,\text{ask}}}{S_0^{A,B,\text{mid}}} \text{若 } S_0^{A,B,\text{theor}}>S_0^{A,B,\text{ask}}\\ 0 \text{ otherwise}\end{cases}
$$

其中，$S_0^{A,B,\text{theor}}$ 是式（2.4）中的层级理论价差，在计算分子和分母的期望值时，我们将损失分布视为校准后 GPL 的结果。

在图 7.22 和图 7.23 中，我们呈现了从 2005 年 3 月到 2009 年 6 月样本中所有期限、所有层级和指数的相对定价误差。

我们注意到，尽管在当前的信贷危机中，DJ - iTraxx 和 CDX 的 5 年期层级仍可能得到相当好的重新定价，但在雷曼兄弟公司倒闭后，这两个指数的10年期层级的校准就不那么精确。最近，随着信贷市场的稳定，我们再次看到了相当准确的对所有期限、所有层级和指数的校准结果（即2% ~4%范围内的相对定价误差）。

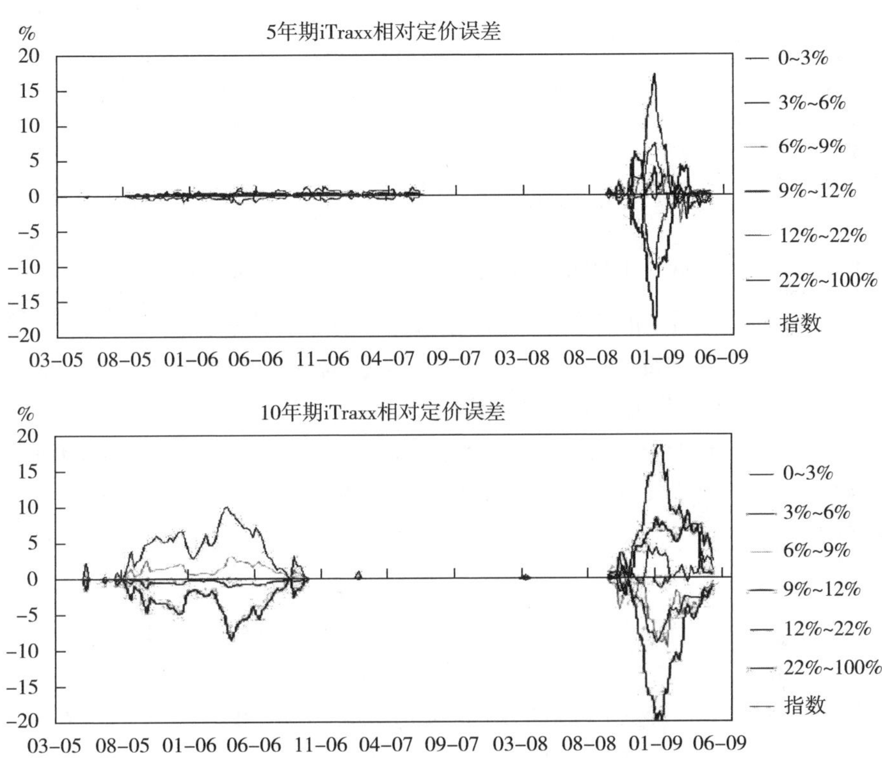

图7.22 对DJ – iTraxx进行GPL校准产生的相对定价误差

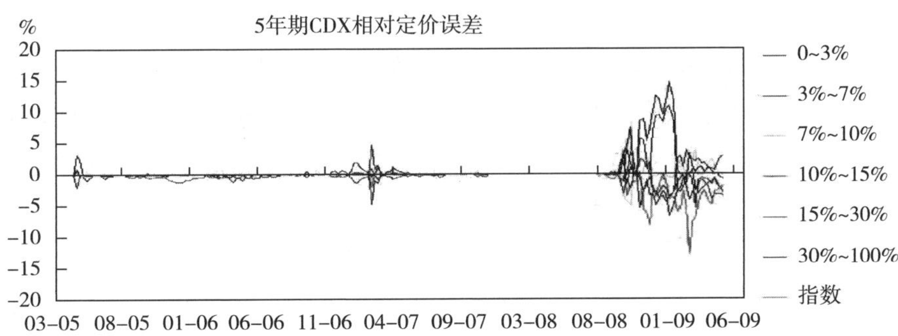

图7.23 对CDX进行GPL校准产生的相对定价误差

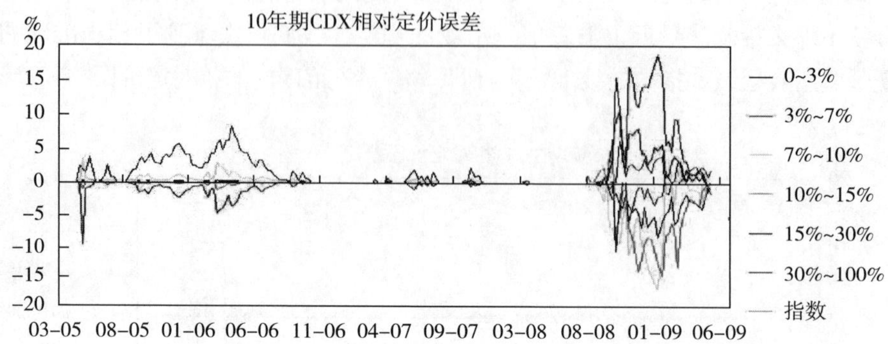

图 7.23 对 CDX 进行 GPL 校准产生的相对定价误差（续）

为了突出校准问题的来源，我们对三种不同类别的定价误差进行了分组：

- 工具：我们已将所有层级（与期限和优先级无关）归入一组，并将剩余校准后的工具（5 年期和 10 年期指数）归入另一组。
- 期限：我们将所有层级和指数按期限分为两组，即 5 年期和 10 年期。
- 优先级：我们根据资本结构中层级的优先级，将所有层级（不包括指数）分为以下三类：

— 权益层级：DJ - iTraxx 和 CDX 的权益层级。

— 次优先级层级：包括权益层级之后最低级的两部分。对于 DJ - iTraxx 是 3% ~6% 和 6% ~9% 层级，而对于 CDX，是 3% ~7% 和 7% ~10% 层级。

— 优先级层级：包括剩余的最高级层级，对于 DJ - iTraxx 是 9% ~12%、12% ~22% 和 22% ~100% 层级，而对于 CDX，是 10% ~15%、15% ~30% 和 30% ~100% 层级。

图 7.24 和图 7.25 中，我们注意到 GPL 模型产生的校准使 2005 年 6 月至 2006 年 10 月的相对定价误差更大（即使幅度相对较小）。对于 DJ - iTraxx 和 CDX，定价误差可能归因于 10 年期层级，尤其是权益层级和次优先级层级。

我们还注意到，从 2008 年 10 月到 2009 年 6 月（换言之，雷曼兄弟公司违约后），GPL 校准导致了非零但仍然相当有限的相对错误定价，在这种情况下，可以将其归因于 5 年期和 10 年期层级，而与它们在资本结构中的位置无关：权益层、中间层或优先层。

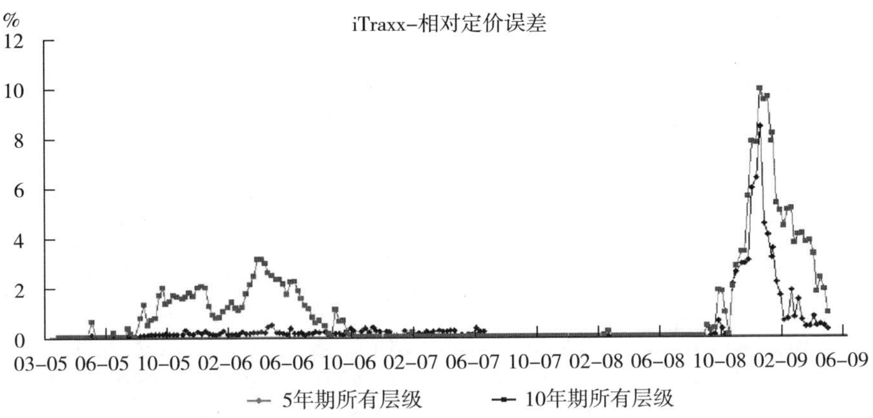

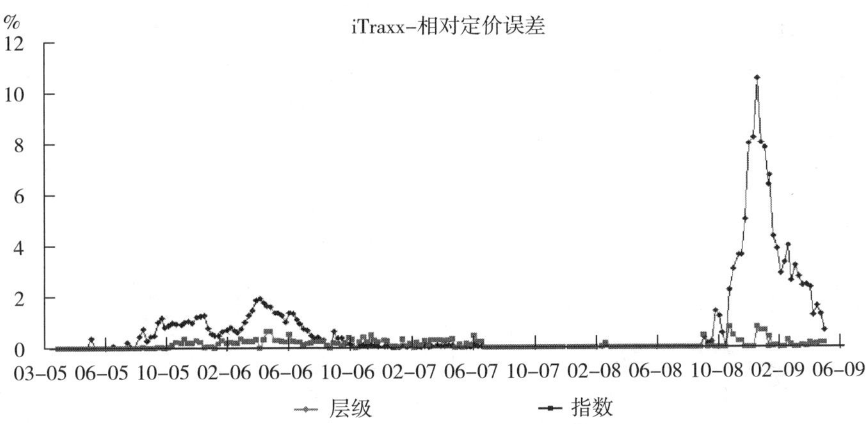

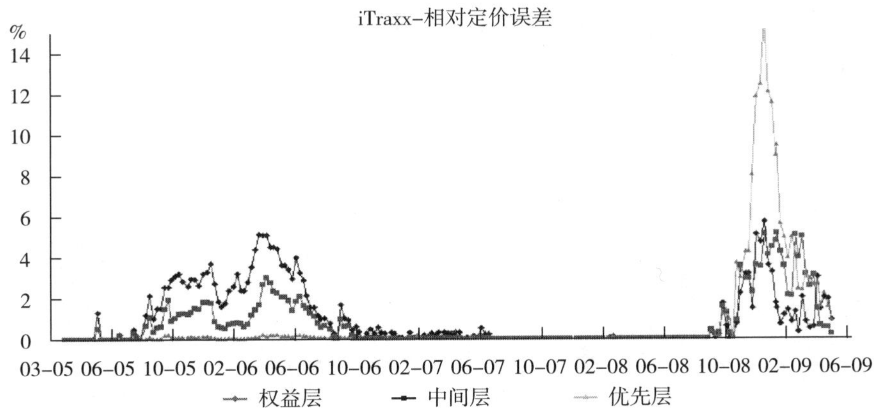

图 7.24 由 GPL 校准产生的，按期限（5 年期和 10 年期）、工具类型（指数和层级）及优先级（权益层、中间层、优先层）分组的 DJ - iTraxx 的相对定价误差

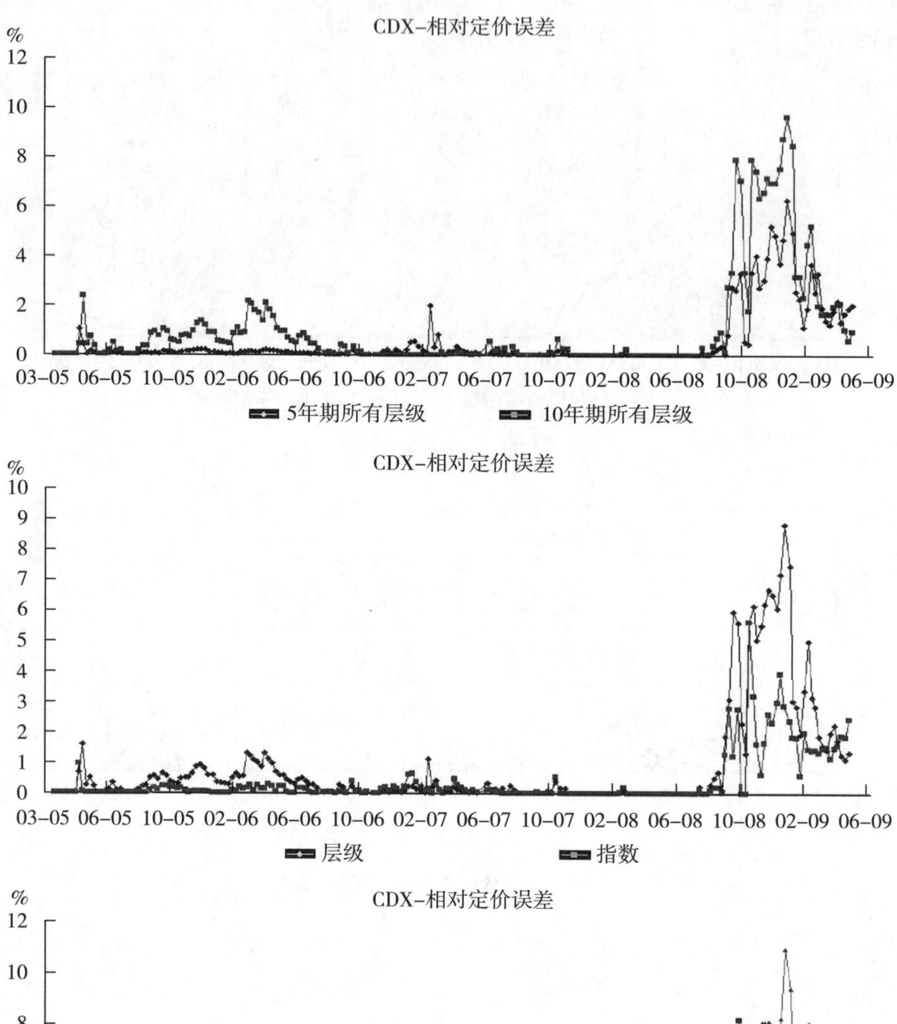

图 7.25 由 GPL 校准产生的，按期限（5 年期和 10 年期）、工具类型（指数和层级）及优先级（权益层、中间层、优先层）分组的 CDX 的相对定价误差

8 讨论与总结

8.1 “天地之大，赫瑞修”

我们在信用衍生品，特别是 CDO 方面走过了一条漫长的道路，从引入与单一到期日的单一层级保持一致的高斯 Copula，到引入能够同时校准所有期限的所有层级的无套利动态损失模型。

我们对高斯 Copula 以及复合和基本相关性的使用的评述是在信贷危机发生之前发表的。因此，认为定量分析员和学者对 Copula 模型背后的局限和危险一无所知的观点是完全错误的。甚至还有一本由 Lipton 和 Rennie（2007）编辑的书《信用相关性：Copulas 之后的生活》，该书是 2006 年在伦敦举行的同名会议上的会谈摘要。

尽管有这些警告，并且在一些可能的扩展（如随机回收率）下，高斯 Copula 模型仍然在其基本相关性公式中得以使用。这样做的原因很复杂。首先，在核算单一主体数据和允许单一主体敏感性方面，所有损失模型中存在改善一致性问题的困难。虽然对总损失进行建模是为了更好地校准指数和层级，但该模型并不是将单一主体的违约看作一个总对象，而只是将动态损失作为一个总对象。因此，针对单一主体的部分对冲是不可能的。由于这些因素在许多情况下至关重要，因此市场仍然具有基本相关性。

此外，即使是少数几种可以尝试保持单一主体一致性的模型，但尚未开发和测试到足以在交易大厅操作的程度。事实上，一个具有真实运行时间和数值稳定性的完全可操作的模型将不仅仅是一个在离线研究中心运行的具有一些令人满意特征的原型。同时，当一个模型已经在银行库中编码时，改变模型意味着一条漫长的道路，这涉及许多问题，这些问题与建模关系不大，更多的是与 IT 及与其他系统的集成等有关。因此，除非一个新模型在所有方面都看起来非常有希望，否则人们不愿在交易大厅中使用它。这种惯性，当不过度时，是机构建模工作流程的一个好方面，是因为它为所使用的建模范式带来了稳定性。

另外，如果这种惯性占主导地位，那它将阻止一切创新尝试。考虑到很多外部因素（通常是政治因素）影响着银行和其他金融机构的决策过程，虽然很难达到正确的平衡，但还是需要一个平衡。

此外，虽然在危机前大量的定量分析员都在研究信用建模，但在危机发生后，人们的兴趣转向了更传统的资产类别。由于 CDO 市场变得略微不流行了，许多金融工程师转向了其他问题。交易对手风险评估在一定程度上逆转了这一趋势，但在信用相关性方面的建模努力肯定已经减少了。

所有这些问题都集中在一个未完成的研究领域。到目前为止，还没有一个经过充分测试、操作上令人满意的、单一主体的一致性动态模型，能够根据资产结构和期限对指数和 CDO 层级进行一致性的校准。诚然，在某种程度上，这个问题还有更多的原因，但这并不意味着，正如我们大量记录的那样，金融工程师们在危机前没有意识到 Copula 模型的局限性。

这会让我们处于什么境地呢？从这场危机开始，我们能大胆说出未来将会如何发展吗？

8.2 “……比你能想到的多得多。”

这再一次将我们带入总体情况，建模只是导致危机的众多因素之一，但肯定不是主要因素。随着我们拓宽视野，与建模几乎没有关系但一直在影响危机的因素越来越明显。当我们合上这本书时，这有助于我们正确看待模型。

已经有几篇文章从与这本书有关的角度出发，从更广泛的角度出发对危机进行了很好的参考。我们举几个性质完全不同的例子：Crouhy 等（2008）；Szego（2009），他从投资者靠其房子生活开始的道路对危机进行了分析；持续存在欺诈的 NINJAs[①]（部分由 FBI 记事在案）[②]；证券化问题和发起到分配系统的问题；对收益的追求；房地产市场的逆转；监管的缺失；资本要求规则的不足或错误以及溢出效应。我们也参考了 El Namaki（2009a、2009b）来分析管理者在危机前和危机期间的经营绩效和质量。

然而，我们遵循 Steven Shreve 在《福布斯》杂志中一篇评论的观点（《福布

---

① NINJAs 定义为：“由美国创造的贷款的一个非正式的术语，为了激励‘没有收入，没有工作或资产（见 No Income，No Jobor Assets，NINJA）’的房东。更正式的说法是次级抵押贷款，这些贷款，以及随后在利率上升和房价下跌的情况下许多借款人无力偿还的贷款，在很大程度上造成了 2007 年中期全球信贷紧缩”（英国银行家协会，见 http：//www. bba. org. uk/bba/jsp/polopoly. jsp？ d = 828&a = 10646）。

② 例如，见 FBI 2007 年的抵押贷款欺诈报告，www. fbi. gov/publications/fraud/mortgage fraud07. htm。

斯》，2008）：

模型……决定了这些证券的价格，并指导了做市的交易员。如果没有这种引导，银行可能一开始不会碰它们。为了避免金融危机反复发生，一些人呼吁回到更简单的时代，回到有衍生证券和分析它们的金融工程师之前的时代，即投资者能购买股票和债券而其他几乎没有的时代。这种抱怨没有抓住重点。当桥梁倒塌时，没有人要求废除土木工程。人们首先确定是错误的工程还是劣质的建筑导致了坍塌。如果工程是罪魁祸首，那么解决方案是更好的而不是更少的工程。此外，用速度较慢、效率较低的渡船取代桥梁，而不是克服障碍重建桥梁，这一观点无疑是荒谬的。

在我们看来，这个简单的类比很好地说明了这个行业需要什么。我们需要更好的模型。这本书沿着一条道路描述了模型的一些改进和演变，且仍然需要进一步优化。但这只是小部分情况。为了使模型更符合实际情况，让我们继续介绍 Shreve 教授的观点：

能源交易并没有随着安然（Enron）公司的消亡而消失，在这次惨败之后，抵押贷款支持证券也不会消失。简而言之，贷款人和借款人之间的桥梁将重建，因为我们需要它。然而它应该以更好的工程和更简单的方式建造。在崩盘前，卡内基梅隆大学在该行业的校友告诉我，抵押贷款支持证券市场的复杂程度已经超出了他们模型的限制。……但在大多数银行中，金融工程师并不是决策者。即使他们发出阻碍利润的警告，也会被置之不理。此外，除了更好的工程外，这次不能用无文件抵押申请的劣质建筑材料和肆无忌惮的抵押发起人网络来建造这座桥。

这反映了另外两个重要的问题：其一，金融工程师确实不是决策者。业务推动着一切，以至于有时甚至从业者在意识到模型不足的情况下，交易也会达成。同样，CPDO 及其评级再次浮现在脑海中，这是一个简单的例子①，在那里人们甚至可以找到危机前对此类工具的危险和解决这些问题的评级不足的警告。但这样的警告在很大程度上被忽视了，因为决策者把业务放在了优先位置。

其二，确实有过一些抵押贷款组合交易必须在缺乏文件的情况下进行估价的案例，甚至在某些资产组合的内容也不清楚的情况下：正如我们在引言中已经提到的，作者看到过给一个庞大的住宅抵押贷款组合提供 RMBS 的发售通告，其资产组合中有超过 2% 的房地产被申报为未知类型。如果我们甚至不知道作为

① 见 2007 年 4 月危机前发布的 Fitch 评级报告“第一代 CPDO：业绩和评级案例研究”，报告称“……Fitch 认为，过去 10 年绝不意味着 AAA 级或 AA 级的高投资级压力”。这并没有阻止 2006 年与 2007 年初相当强劲的 CPDO 业务。

衍生工具基础的住宅地产的类型，那么我们可以给模型提供什么输入呢？此外，正如我们在前面看到的那样，抵押贷款 CDO（基于 RMBS 的 CDO）估值数据有时是可疑的，并且可能由于欺诈而失真。

而且，正如上文所暗示的那样，我们还应该把发起到分配系统的脆弱性以及可能的监管错误纳入其中。读者也可以在与危机有关的这些问题上进行大量的讨论。

我们可以沿这条道路继续走下去，但我们目前为止讨论的内容足以说明这次危机的复杂性，以及数学和方法论在其中发挥的有限作用和作用范围。现在应该很清楚的是，将次贷危机、雷曼兄弟事件、麦道夫（Madoff）诈骗案、紧急援助计划、失业和近代史上最严重的一次经济衰退归咎于数学是没有抓住重点的。

我们希望这本书通过它的方法论之旅和对一些已经意识到模型局限性的金融工程师的第一手见证，为这种理解有所贡献。我们和许多其他研究人员甚至在危机开始前就采取措施解决这些局限性，这很好地证明了几位金融工程师和学者的警觉和善意。

参考文献

Albanese, C., Chen, O., Dalessandro, A. and Vidler, A. (2006). Dynamic credit-correlation modeling. Available at defaultrisk. com.

Amraoui, S. and Hitier, S. (2008). Optimal stochastic recovery for base correlation. BNP Paribas Research Report.

Andersen, L., Sidenius, J. and Basu, S. (2003). All your hedges in one basket. Risk.

Baheti, P. and Morgan, S. (2007). Base correlation mapping. QCR Quarterly, Q 1. Lehman Brothers.

Balakrishna, B. S. (2006). A semi - analytical parametric model for credit defaults. Available at defaultrisk. com.

Balakrishna, B. S. (2007). Delayed default dependency and default contagion. Available at ssrn. com.

Baxter, M. (2007). Levy simple structural models. In A. Lipton and A. Rennie (editors), Credit Correlation: Life After Copulas. World Scientific.

Bennani, N. (2005). The forward loss model: A dynamic term structure approachfor the pricing of portfolio credit derivatives. Available at defaultrisk. com.

Bennani, N. (2006). A note on Markov functional loss models. Available at defaultrisk. com.

Bielecki, T., Crepey, S. and Jeanblanc, M. (2008). Up and down credit risk. WorkingPaper. Available at defaultrisk. com.

Breeden, D. T. and Litzenberger, R. H. (1978) Prices of state - contingent claimsimplicit in option prices. Journal of Business, 51, 621 -651.

Brigo, D. (2005). Market models for CDS options and callable floaters. Risk (January).

Brigo, D. (2006). Constant maturity CDS valuation with market models. Risk (June).

Brigo, D. and Alfonsi, A. (2005). Credit default swaps calibration and derivativespricing with the SSRD stochastic intensity model. Finance and Stochastics, 9 (1), 29 -42.

Brigo, D. and Bakkar, I. (2009). Accurate counterparty risk valuation for energycommodities swaps. Energy Risk (March).

Brigo, D. and Capponi, A. (2008). Bilateral counterparty risk valuation with stochastic dynamical models and application to credit default swaps. Availableat ssrn. com or at arXiv. org.

Brigo, D. and Chourdakis, K. (2009). Counterparty risk for credit default swaps: Impact of spread volatility and default correlation. International Journal of Theoretical and Applied Finance, 12 (7), 1007 -1026.

Brigo, D. and Cousot, L. (2006). The stochastic intensity SSRD model implied volatility patterns for credit default swap options and the impact of correlation. International Journal of Theoretical and Applied Finance, 9 (3), 315 -339.

Brigo, D. and El - Bachir, N. (2008). An exact formula for default swaptions pricing in the SSRJD stochastic intensity model (to appear in Mathematical Finance). Available at Defaultrisk. com.

Brigo, D. and Mercurio, F. (2006). Interest Rate Models: Theory and Practice with Smile, Inflation and Credit (2nd edition). Springer Verlag, Heidelberg.

Brigo, D. and A. Pallavicini (2007). Counterparty risk under correlation between default and interest rates. In J. Miller, D. Edelman and J. Appleby (editors), Numerical Methods for Finance. Chapman and Hall.

Brigo, D. and Pallavicini, A. (2008). Counterparty risk and contingent CDS under correlation. Risk (February).

Brigo, D. , Pallavicini, A. and Papatheodorou, V. (2009a). Bilateral counterparty risk for interest rate products: impact of volatilities and correlations. Available at ssrn. com and arXiv. org.

Brigo, D. , Pallavicini, A. and Torresetti, R. (2006a). The dynamical generalized Poisson loss model, Part one: Introduction and CDO calibration. Short version in Risk, 2007 (June issue); extended version available at ssrn. com.

Brigo, D. , Pallavicini, A. and Torresetti, R. (2006b). The dynamical generalized Poisson loss model, Part two: Calibration stability and spread dynamics extensions. Available at ssrn. com.

Brigo, D. , Pallavicini, A. and Torresetti, R. (2007). Cluster – based extension of thegeneralized Poisson loss dynamics and consistency with single names. International Journal of Theoretical and Applied Finance, 10 (4), 607 – 631. Also in A. Lipton and A. Rennie (editors), Credit Correlation: Life After Copulas. World Scientific, 2007.

Brigo, D. , Pallavicini, A. and Torresetti, R. (2009). Credit models and the crisis, or: How I learned to stop worrying and love the CDOs. Available at ssrn. com and arXiv. org

Buffett, W. (2003) Berkshire Hathaway Inc. Annual Report 2002. Available at www. berkshirehathaway. com/2002ar/2002ar. pdf.

Chapovsky, A. , Rennie, A. and Tavares, P. A. C. (2007). Stochastic intensity modelling for structured credit exotics. In A. Lipton and A. Rennie (editors), Credit Correlation: Life After Copulas. World Scientific.

Cont, R. and Minca, A. (2008). Recovering portfolio default intensities implied byCDO quotes. Available at ssrn. com.

Cont, R. and Savescu, I. (2008). Forward equations for portfolio credit derivatives. Available at ssrn. com.

Crouhy, M. G. , Jarrow, R. A. and Turnbull, S. M. (2008). The subprime credit crisis of 07. Journal of Derivatives, 16 (1), 81 – 110.

Di Graziano, G. and Rogers, C. (2005). A new approach to the modeling and pricingof correlation credit derivatives. Available at www. statslab. cam. ac. uk/ ~ chris/papers/cdo21. pdf.

Donnelly, C. and Embrechts, P. (2009). The devil is in the tails: actuarial mathematics and the subprime mortgage crisis. Accepted for publication in the Astin Bulletin, preliminary version. Available at www. math. ethz. ch/%7Ebaltes/ftp/donnemb. pdf

El Namaki, M. S. S. (2009a). The credit crisis: Leaders who have failed the Druckertest. Working Paper.

El Namaki, M. S. S. (2009b). The credit crisis: The morning after. Working Paper.

Elouerkhaoui, Y. (2006). Pricing and hedging in a dynamic credit model. Citigroup Working Paper. Presented at the conference Credit Correlation: Life After Copulas. London, 29 September 2006.

Errais, E. , Giesecke, K. and Goldberg, L. (2006). Pricing credit from the topdown with affine pointpr ocesses. Available at www. stanford. edu/dept/MSandE/

people/faculty/giesecke/indexes. pdf.

Garcia, J. and Goossens, S. (2007). Base expected loss explains Levy base correlation smile. Available at ssrn. com.

Giesecke, K. and Goldberg, L. (2005). A top down approach to multi – name credit. Available at www. stanford. edu/dept/MSandE/people/faculty/giesecke/topdown. pdf.

Halperin I. and Tomecek P. (2008). Climbing down from the top: Single name dynamics in credit top down models. JP Morgan Quantitiative Research.

Hamilton, D., Varma, P., Ou, S. and Cantor, R. (2005). Default and recovery rates ofcorporate bond issuers, 1920 – 2004. Global Credit Research (January). Moody's Investors Service.

Hull, J. and White, A. (2003). Valuing credit default swap options. Journal of Derivatives, 10 (3 – Spring), 40 – 50.

Hull, J. and White, A. (2004). V aluation of a CDO and nth to default CDS without Monte Carlo simulation, Journal of Derivatives, 12 (2), 8 – 23.

Hull, J. and White, A. (2006). The perfect copula. Working Paper. Rothman Schoolof Management.

Inglis, S., Lipton, A., Savescu, I. and Sepp, A. (2008). Dynamic credit models. Statistics and Its Interface, 1, 211 – 227.

Jaeckel, P. (2008). The gamma loss and prepayment model. Risk (September).

Jones, S. (2009). Of couples and copulas: The formula that felled Wall St. Financial Times (24 April).

Joshi, M. S. and Stacey, A. M. (2006). Intensity gamma: A new approach to pricing portfolio credit derivatives. Available at ssrn. com.

Krekel, M. (2008). Pricing distressed CDOs with base correlation and stochastic recovery. Uni Credit Research Report.

Li, D. X. (2000). On Default Correlation: A Copula Function Approach. Journal of Fixed Income, 9 (4 – March), 43 – 54.

Li, D. X. and Hong Liang, M. (2005). CDO squared pricing using Gaussian mixture model with transformation of loss distribution. Available at defaultrisk. com.

Lindskog, F. and McNeil, A. (2003). Common Poisson shock models: Applications to insurance and credit risk modeling. Astin Bulletin, 33, 209 – 238.

Lipton, A. and Rennie, A. (eds) (2007). Credit Correlation: Life After Copulas. World Scientific.

Livesey, M. and Schlegl, L. (2006). Recovery rate assumptions and no - arbitrage in tranche markets. Lehman Brothers, London. Presented at the Summer School on Financial Derivatives, Imperial College, London.

Lohr (2009). Wall Street's math wizards forgot a few variables. New York Times (12 September).

Longstaff, F. and Rajan, A. (2008). An empirical analysis of the pricing of collateralized debt obligations. Journal of Finance, 63 (2), 529 - 563.

Lopatin, A. V. (2008). A simple dynamic model for pricing and hedging heterogeneus CDOs. Available at defaultrisk. com.

Lopatin, A. V . and Misirpashaev, T. (2007). Two - dimensional Markovian model for dynamics of aggregate credit loss. Available at defaultrisk. com.

McGinty, L. and Ahluwalia, R. (2004). A model for base correlation calculation. JP Morgan Credit Derivatives Strategy.

Meng, C. and Sengupta, A. N. (2008). CDO tranche sensitivities in the Gaussian Copula model. Available at defaultrisk. com.

Morini, M. and Brigo, D. (2007). No - Armageddon arbitrage - free equivalent measure for index options in a credit crisis. Accepted for publication inMathematical Finance. Extended version available at ssrn. com.

Morini, M. and Brigo, D. (2009). Last option before the Armageddon. Risk (September).

Papadopoulos, P. and Tan, C. (2007). Credit risk analysis of cashflow CDO structures. Available at defaultrisk. com.

Parcell E. and Wood, J. (2007). Wiping the simile of your base (correlation curve). Technical Report, Derivative Fitch.

Reyfman, A. , Ushakova, K. and Kong, W. (2004). How to value bespoke tranches consistently with standard ones. Bear Stearns Educational Report.

Rosen, D. and Saunders, D. (2009). Analytical methods for hedging systematic credit risk with linear factor portfolios. Journal of Economic Dynamics and Control, 33 (1 - January), 37 - 52.

Salmon, F. (2009). Recipe for disaster: The formula that killed Wall Street. Wired Magazine (17 March).

Schönbucher, P. (2005). Portfolio losses and the term structure of loss transition rates：A new methodology for the pricing of portfolio credit derivatives. Available at defaultrisk. com.

Shreve, S. (2008). Don't blame the quants. Forbes Commentary (7 October). Available at www. forbes. com/2008/10/07/securities – quants – models – oped – cx ss 1008shreve. html.

Szego, G. (2009). Crash sonata in D major. Preprint.

Torresetti, R. and Pallavicini, A. (2007). Stressing rating criteria allowing for default clustering：The CPDO case. Available at ssrn. com.

Torresetti, R., Brigo, D. and Pallavicini, A. (2006a). Implied expected tranched loss surface from CDO data. Available at ssrn. com.

Torresetti, R., Brigo, D. and Pallavicini, A. (2006b). Implied correlation in CDO tranches：A paradigm to be handled with care. Available at ssrn. com.

Torresetti, R., Brigo, D. and Pallavicini, A. (2006c). Risk – neutral versus objective loss distribution and CDO tranches valuation. [Updated version appeared in the Journal of Risk Management for Financial Institutions (January – March 2009).] Available at ssrn. com.

Turner, J. A. (2009). The Turner Review. March 2009. Financial Services Authority, UK. Available at www. fsa. gov. uk/pubs/other/turner review. pdf.

Vrins, F. D. (2009). Double – t copula pricing of structured credit products. Practical aspects of a trustworthy implementation. Available at defaultrisk. com.

Walker, M. (2006). CDO models. Towards the next generation：Incomplete markets and term structure. Available at defaultrisk. com.

进阶阅读

Arnsdorf, M. and Halperin, I. (2007). BSLP：Markovian bivariate spread – loss model for portfolio credit derivatives. JP Morgan Quantitative Research.

Berd, A. M., Engle, R. F. and Voronov, A. B. (2007). The underlying dynamics of credit correlations. Available at ssrn. com.

Bielecki, T. and Rutkowski, M. (2001). Credit Risk：Modeling, Valuation and Hedging. Springer Verlag, Heidelberg.

Embrechts, P. (2009). Did a Mathematical Formula Really Blow up Wall Street? Astin Colloquia Presentation, Helsinki.

Golub, H. and V an Loan, C. (1983). Matrix Computation (p. 384). Johns Hopkins University Press.

Prampolini, A. and Dinnis, M. (2009). CDO mapping with stochastic recovery. Available at ssrn. com.